Gärtnern

für Anfänger

EDITION XXL

Inhalt

Vorwort

Liebe Leserin, lieber Leser,

ob Sie die Gartenarbeit als Freizeitbeschäftigung lieben oder Wert auf gesundes Gemüse ohne Schadstoffe legen: Die Beweggründe, selbst Obst, Gemüse oder Kräuter anzubauen, sind so verschieden wie die Menschen. Doch ganz egal, warum Sie sich dazu entschlossen haben, dieses Buch zeigt Ihnen, wie Sie Ihr Vorhaben am besten in die Tat umsetzen. Schon bald können Sie geschmackvolle Tomaten, aromatische Kräuter, knackige Salate oder saftige Beeren aus dem eigenen Gartenparadies genießen. Und das mit einem Lächeln im Gesicht – denn Gärtnern macht glücklich!

Das **erste Kapitel** gibt Ihnen wertvolle Praxistipps fürs Gärtnern. Los geht es mit ein wenig Planung und Einkaufen. Danach finden Sie die wichtigsten Informationen zu den Themen Boden, Pflanzen und Aussäen sowie das kleine Pflege-Einmaleins (Gießen, Bodenpflege, Düngen, Kompost). Ausgestattet mit diesem Basiswissen steht Ihrer Karriere als „Grünfinger" nichts mehr im Weg.

In den Kapiteln **zwei bis vier** finden Sie ausführliche Porträts von Gemüsen, Obst und Kräutern. Sie erfahren, wie die Pflanzen aussehen, was sie brauchen, welche Pflege nötig ist und was wann geerntet werden kann. Darüber hinaus erhalten Sie Informationen zu handelsüblichen Sorten. Das Daumen-Symbol oben in der Ecke verrät Ihnen, wie groß der Pflegeaufwand beziehungsweise wie „schwierig" die Pflanze ist: Ein grüner Daumen bedeutet, die Pflanzen wachsen zuverlässig und brauchen wenig Aufmerksamkeit, sind also auch für „Garten-Greenhorns" geeignet. Pflanzen mit zwei grünen Daumen benötigen etwas mehr Pflege, sind aber Klassiker, die in keinem Garten fehlen sollten. Bei drei grünen Daumen ist ein wenig Erfahrung und viel Pflege erforderlich – doch lohnt sich das bei diesen Leckereien auf jeden Fall. Eingestreut zeigen Ihnen kreative Rezepte, welche Leckereien Sie aus Ihrer Ernte zaubern können. Spezialthemen wie „Ernten und konservieren", „Essbare Blüten" oder „Wellness mit Kräutern" runden diesen Teil des Buches ab.

Zum Schluss erhalten Sie in **Kapitel 5** kompaktes Praxiswissen rund um den Bereich „Pflanzenschutz". Es werden die häufigsten Krankheiten und Schädlinge aufgezeigt und was Sie dagegen tun können. Und der Arbeitskalender hilft Ihnen, zu jeder Jahreszeit den Überblick über die anfallenden Arbeiten zu behalten.

Viel Vergnügen und eine reiche Ernte!

Ihre Judith Starck

KAPITEL 1

Die Basics fürs Gärtnern

Träumen Sie schon länger von Tomaten, Basilikum oder Beeren aus eigenem Anbau? Sie hatten bisher aber kein glückliches Händchen im Umgang mit Pflanzen? Nur keine Scheu – das Obst- und Gemüse-gärtnern ist gar nicht so schwer und mit den folgenden Tipps sind Sie bestens gerüstet. Sie müssen einfach nur anfangen, dann kommt der grüne Daumen mit der Zeit von ganz allein. Los geht's!

Aller Anfang ist leicht

Wenn Sie zum ersten Mal staunend beobachten, wie aus einem winzigen Samenkorn eine kräftige Pflanze entsteht, und später dann genussvoll in die erste eigene, sonnenwarm gepflückte Tomate beißen, packt Sie mit Sicherheit das Gärtnerfieber – denn keine gekaufte Tomate schmeckt so gut wie die, die man selbst von klein auf gehegt und gepflegt hat. Und wenn Sie bisher gedacht haben: „Bei mir klappt das ja sowieso nicht, weil ich nur einen ‚Handtuch-Garten' oder einen zwei Quadratmeter großen Balkon habe", dann gibt es noch eine frohe Botschaft für Sie: Ganz viele Gemüsearten, die meisten Kräuter und sogar etliche Obstsorten gedeihen auch im Topf und auf kleinstem Raum ganz prächtig. Gemüse und Kräuter vertragen sich zudem wunderbar mit Zierpflanzen und können zum Beispiel einer gemischten Staudenrabatte den „richtigen Biss" verleihen.

Nicht zu stürmisch

Doch bevor Sie loslegen, sollten Sie eine Bestandsaufnahme machen und sich selbst ein paar Fragen beantworten:

- Wie viel Platz habe ich zur Verfügung?
- Gibt es sonnige Plätze in meinem Garten?
- Wie viel Zeit (und Geld) möchte ich investieren?
- Soll der gesamte Bedarf gedeckt werden oder reicht ein wenig Naschobst beziehungsweise -gemüse?
- Welches Gemüse und Obst mag ich und was steht auf der „schwarzen Liste"?
- Hat mein Balkon genug Tragkraft für schwere Kübel?

Halten Sie Ihre Wünsche und die Möglichkeiten schriftlich fest und wägen Sie ab. Denn eine gute Planung ist die Voraussetzung für Ihren Garten-Erfolg.

Die richtige Wahl

Für den Küchengarten ist ein sonniger Ort mit nährstoffreichem Boden ideal. Das ist eines der wichtigsten Kriterien für die **Standortwahl** des Gemüsebeetes. Auch sollte es sich in Küchennähe befinden, damit es schnell und leicht erreichbar ist. Das ist vor allem dann ein Argument, wenn Sie Kräuter anpflanzen wollen, denn die werden häufig verwendet und am besten frisch ... Hier ist ein entsprechender Pflanzkasten auf der Fensterbank oder dem Balkon beziehungsweise das Halten von Kräutern in Töpfen auf der Terrasse oftmals die bessere Wahl.

Erntespaß auf kleinstem Raum – mit Topfkräutern

Was und wie viel Sie selbst anbauen können, ist zunächst einmal eine Frage des **Platzangebots** (siehe dazu die Beispiele auf Seite 13). Steht Ihnen nur wenig Platz zur Verfügung, ist es sinnvoll, eher schwach und kompakt wachsende Sorten und Arten zu bevorzugen.

Überhaupt spielt die richtige **Pflanzenauswahl** eine große Rolle. Dabei sollten einerseits natürlich die Lieblingsgemüse und -kräuter Berücksichtigung finden, andererseits ist eine gute Mischung wichtig, die für Abwechslung auf dem Speiseplan sorgt. Wichtig ist auch, dass nicht alles auf einmal reif wird – sonst werden Sie der „Flut" zur Erntezeit nicht Herr und müssen Teile Ihres Grünfinger-Erfolgs wegwerfen oder Sie stehen Tag und Nacht in der Küche, um die Ernte einzufrieren, einzukochen und einzulegen (siehe Seite 64 ff.), während Sie den Rest des Sommers beziehungsweise Herbstes sprichwörtlich auf dem Trockenen sitzen. Es gibt heutzutage ein riesiges Angebot sowohl an alten, bewährten als auch an neuen Sorten. Lassen Sie sich von dieser Vielfalt inspirieren. Probieren Sie einfach aus, welche Arten und Sorten am besten zu Ihnen passen, und profitieren Sie von der wachsenden Erfahrung.

Nutzen Sie die kalten Wintermonate, um einen **Anbauplan** zu entwerfen. Beachten Sie dabei den Platzbedarf der Kulturen, Standortansprüche, unterschiedliche Wuchsformen, Kombinationsmöglichkeiten, Saat- und Erntezeitpunkte, Mengenbedarf und Pflanzabstände. Berücksichtigen Sie auch die Regeln der Fruchtfolge (siehe Seite 13 f.) und der Mischkultur (siehe Seite 16).

Pflege- und Zeitaufwand

Gärtnern ist trendy und für viele das große Glück. Es sollte Spaß machen, genussvoll sein, aber nicht zur Last werden. Deshalb gilt: lieber klein anfangen und sich dann gegebenenfalls steigern. Beginnen Sie mit einigen wenigen und einfachen Kulturen, beispielsweise mit ein paar Kräutern auf der Fensterbank, einem Kasten mit Schnittsalat und einer Hängeampel mit Erdbeeren. Wenn sich die ersten Erfolge einstellen, bekommen Sie automatisch Lust auf mehr.

Auch die „Diven" unter den Obst- und Gemüsesorten sollten Sie am Anfang eher meiden – das verhindert Frusterlebnisse. Überlegen Sie zudem, ob sich der Aufwand bei den von Ihnen ausgewählten Arten tatsächlich „lohnt", denn viele Früchte und Gemüse gibt es – auch in der „Bio-Variante" – günstig(er) im Handel.

Den Aufwand können Sie minimieren, indem Sie robuste Arten wählen, die wenig anfällig für Krankheiten sind. Kombinieren Sie die Pflanzen so, dass sie sich gegenseitig guttun und unterstützen. Beispielsweise vertreiben Kräuter mit ihren Aromen häufig Schädlinge von Gemüse. So helfen Tomaten und Basilikum gegen die Weiße Fliege, Bohnen und Bohnenkraut gegen Schwarze Bohnenläuse. „Versüßen" Sie sich die Pflege ein wenig mit guten Geräten, die Ihnen die Arbeit erleichtern (siehe Seite 20), oder anderen Gartenhelfern wie eine automatische Bewässerung.

Erntegenuss von
Mini bis Maxi

Nicht jeder hat ein Beet in „Fußballfeld-Größe" für Obst, Gemüse & Co. zur Verfügung. Aber mit den richtigen Tricks funktioniert das Nutzgärtnern auch auf kleinem Raum und sogar auf dem Balkon.

Die Guten ins Töpfchen ...

Viele Gemüse- und Obstarten und vor allem Kräuter wachsen auch gut in Töpfen und Gefäßen. Da heißt es also nur noch, den richtigen Stil zu finden, der zu einem passt. Denn genau wie bei der Wohnung oder den Kleidern gilt: „Zeig mir deine (Blumen-)Töpfe und ich sage dir, wer du bist."

Zum Glück ist die Auswahl an Gefäßen mittlerweile riesengroß: Vom ausgeklügelten Balkonkasten mit integriertem Bewässerungssystem bis zum klassischen Tontopf ist alles möglich. Ob bunt und rund oder eckig und unifarben – jeder bekommt das passende „Deckelchen zum Topf". Puristen und kühle Köpfe finden vielleicht an Metallgefäßen oder glattwandigen Steintrögen Gefallen, während Kreative und Querdenker mehr das quirlige Chaos im Stilmix bevorzugen. Natürliche Materialien und Pastellfarben sind dagegen eher etwas für Romantiker. Am besten gehen Sie einmal in Ruhe auf Entdeckungstour, zum Beispiel im Gartencenter oder in Einrichtungsgeschäften. Probieren Sie Verschiedenes aus, um die richtige Wahl zu treffen. Beim Topfgärtnern bleiben Sie in jedem Fall flexibel und es kommt

keine Langeweile auf. Und wer Abwechslung liebt, dabei aber den Geldbeutel schonen möchte, verpasst den Gefäßen selbst einen neuen Anstrich, umwickelt oder beklebt sie (zum Beispiel mit Serviettenbildern, Moos oder Draht) oder dekoriert sie je nach Saison.

Egal, für welchen Stil Sie sich letztlich entscheiden: Die Gefäße sollten großzügig bemessen sein. Für mittelgroße Kräuter reicht zum Beispel ein 3-Liter-Topf, während für Obstbäume schon 30 oder 50 Liter nötig sind. Achten Sie bei Gefäßen für mehrjährige Pflanzen auch darauf, dass sie frostsicher sind. Ansonsten müssen sie den Winter über geschützt oder ins Haus geholt werden.

Tongefäße mit Patina haben einfach Flair.

Die Qual der Wahl

Tongefäße sind die absoluten Klassiker. Wer kann dem mediterranen Charme eines Terrakottatopfes mit Patina schon widerstehen? Es muss ja nicht gleich das barocke Exemplar mit üppigen Verzierungen sein. Konische, schlanke Gefäße mit glatter Oberfläche wirken natürlich und modern zugleich. Tongefäße sind „atmungsaktiv", heizen sich nicht so schnell auf und halten bei Hitze den Wurzelraum länger kühl. Allerdings verdunstet durch die poröse Oberfläche das Wasser schneller, das heißt, hier müssen Sie unter Umständen mehr gießen. Besser sind in dieser Hinsicht glasierte Gefäße. Vorsicht: Viele Tontöpfe sind nicht winterfest. Fragen Sie beim Einkauf deshalb lieber explizit nach, ob der von Ihnen gewählte Topf auch Minustemperaturen schadlos übersteht.

Kunststoffgefäße sind nicht so durchlässig und halten daher länger die Feuchtigkeit. Zudem gehören sie zur Klasse der „Fliegengewichte" – das freut alle, die gern umräumen, aber keine Bodybuilder sind. Robustheit und lange Haltbarkeit sprechen ebenfalls für die meist preiswerten Töpfe und Kästen. Zum Glück ist die Zeit von fadem Grün und Braun vorbei – eine bunte Farbpalette wartet auf Sie. Ein wenig Vorsicht ist bei sehr dunklen oder schwarzen Gefäßen angebracht. Sie ziehen die Sonne stark an, da kann es den Wurzeln auch schon mal zu warm werden.

Metallgefäße verbreiten eine eher kühle, nüchterne Atmosphäre, sind aber trotzdem vielfältig einsetzbar. Polierter oder gebürsteter Edelstahl und Aluminium wirken sehr exklusiv und edel. Etwas weniger streng muten strukturierte Oberflächen an, zum Beispiel gehämmertes Metall. Zinkeimer, Zinkwannen oder gusseiserne Gefäße dagegen haben schon fast wieder einen rustikalen Charme. Bedenken Sie jedoch: In Südlagen und praller Mittagssonne können die edlen Metalle ziemlich heiß werden.

Holzgefäße und Korbgeflecht passen perfekt zum Countrystil und stehen für bodenständiges Gärtnern. Allerdings empfiehlt es sich, diese Gefäße innen mit einem Vlies auszukleiden. Pflegeleichter und länger haltbar sind Gefäße aus Kunststoffgeflecht – und sie sehen ihren natürlichen Verwandten täuschend ähnlich.

Stein- und Betongefäße eignen sich nur für Terrassen, denn für den Balkon können sie schnell zu schwer werden. Allerdings gibt es auch hier federleichte Varianten aus künstlichen Materialien, die täuschend echt aussehen oder nur eine Steinverkleidung haben.

Recycling ist „in". Alte Blechdosen und -kanister, Salatsiebe, ausgediente Kochtöpfe oder Weinkisten – im Prinzip können Sie alles bepflanzen, was früher auf dem Flohmarkt landete. Nur die Größe und Bedingungen müssen stimmen (siehe Tipp Seite 25).

Immer schön flexibel bleiben

Beweglicher sind Sie mit mehreren kleinen Töpfen. Die Leichtgewichte können schneller umgestellt werden, und zwar genau dahin, wo sie gebraucht werden.

Kleine Gärten im „gemischten Doppel"

Für kleine Gärten gibt es viele platzsparende Möglichkeiten: vom gemischten Beet, der Kräuterspirale oder dem Hochbeet bis zum Gemüse in der Vertikalen.

Entscheiden Sie sich dafür, den größten Teil Ihres kleinen Gartens für Obst, Gemüse und Kräuter zu nutzen, dann gestalten Sie ihn doch im dekorativen Bauerngarten-Stil oder als modernen Cottage-Garten. In den klassischen Bauerngärten gab es von jeher keine strenge Trennung von Nutz- und Zierpflanzen, sondern immer schon ein buntes Miteinander – die ideale Verbindung für Auge und Gaumen. So entstehen auch heute noch starke Gemeinschaften mit effizienter natürlicher Schädlingsbekämpfung und guter Ernte. Die strenge Form sieht vier – symmetrisch angelegte und mit Buchs eingefasste – quadratische Beete vor. Statt Buchs können Sie aber auch Kräuter (zum Beispiel Schnittlauch, Petersilie, Lavendel) oder Heiligenkraut als Beeteinfassung verwenden. Setzen Sie die Nutzpflanzen an den Rand der Beete, um leichter ernten zu können.

Reichen Ihnen hingegen ein paar Naschereien, dann mischen Sie einfach ein paar dekorative Nutzpflanzen wie Kohl, Mangold, bunte Salate oder Kräuter direkt in die Zierbeete – und ergänzen diese mit einer „Topfparade" von weiteren schwach und kompakt wachsenden Obst- und Gemüsearten.

Zwei Fliegen mit einer Klappe schlagen Sie im kleinen Garten, wenn Sie bei den Gestaltungselementen das Nützliche mit dem Schönen verbinden. Am Spalier gezogenes Obst wie Apfel, Birne oder Kirsche benötigt im Vergleich

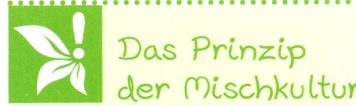

Das Prinzip der Mischkultur

Die Erfahrung hat gezeigt, dass Mischkulturen gesünder wachsen und weniger anfällig sind als Monokulturen. Zudem spart es Platz und ist abwechslungsreicher – sowohl fürs Auge als auch für den Speiseplan. Den Ausspruch „Gleich und Gleich gesellt sich gern" können Sie also getrost vergessen. Mischen Sie – auch im reinen Nutzgarten – Arten mit unterschiedlichen Wurzel- und Wuchsformen, aber mit gleichen Ansprüchen. Manche Gemüse sind sehr gute Partner, die sich prima ergänzen und gegenseitig unterstützen oder sogar fördern. Andere dagegen können sich förmlich nicht „riechen" und sollten besser auf Abstand gehalten werden. Dazu gehören zum Beispiel Zwiebeln und Bohnen, Lauch und Erbsen oder Tomaten und Fenchel. Auch das sollten Sie beim Kombinieren berücksichtigen.

zum Obstbaum weniger Platz und kann gleichzeitig als Trenn- oder Sichtschutzelement fungieren beziehungsweise eine unschöne Wand kaschieren. Ebenfalls als Raumteiler oder optische Abgrenzung kann ein Hochbeet dienen, das gleich mehrere Vorteile hat: Sie müssen sich nicht mehr so viel bücken und

Pflanzen für den Bauerngarten

■ **Dekorative Gemüse und Salate:**
Blumenkohl, Kürbis, (rotstieliger)
Mangold, Rotkohl, Spitzkohl, Kopf-
salat, Lolo Rosso

■ **Aromatische Kräuter:**
Dill, Kresse, Lavendel, Salbei, Schnittlauch, Thymian

■ **Leckere Kletterer:**
Bohnen, Erbsen, Kapuzinerkresse,
Kiwi, Tomaten, Wein

■ **Attraktive Blütenpflanzen:**
Sommerblumen wie Bartnelke,
Fingerhut, Ringelblume, Sonnenblu-
me, Stockrose, Zinnie; Stauden wie
Akelei, Herbstaster, Lupine, Mohn,
Pfingstrose, Rittersporn, Schafgarbe;
Zwiebel- und Knollenblumen wie
Dahlie, Gladiole, Kaiserkrone, Lilie,
Narzisse, Tulpe

können das passende Substrat frei wählen.
Durch die Erhöhung rücken die Pflanzen
zudem näher ans Licht und bekommen vielleicht auch dort noch Sonne, wo sie am
Boden schon im Schatten wären.

Ein weiterer Tipp: Lassen Sie an einer Pergola
statt blühenden Kletterpflanzen doch Gurken,
Bohnen oder Wein hochranken – dann fallen
Ihnen die Früchte, bildlich gesprochen, direkt
in den Mund. Eine Ernte auf mehreren Etagen
erhalten Sie mithilfe von Obst-Hochstämm-
chen, die mit Kräutern oder Erdbeeren unterpflanzt sind.

Im Bauerngarten werden die Beete klassisch mit
Buchs eingefasst und gemischt bepflanzt.

Ernte im großen Stil – das Schreber-Glück

Wer viel Platz hat, kann seiner Lust am Obst- und Gemüsegärtnern freien Lauf lassen. Damit Sie aber nicht den Überblick verlieren und gleichmäßig ernten können, ist auch hier eine gute Planung sinnvoll.

Haben Sie einen größeren Bereich ganz für Ihren Nutzgarten zur Verfügung, sollten Sie verschiedene Teilbeete anlegen. Beispielsweise können Sie ein formales Wegenetz mit einem Hauptweg (zirka 90 Zentimeter breit) und davon abzweigenden Seitenwegen (zirka 30 bis 40 Zentimeter breit) gestalten. Die Beete sollten maximal 120 Zentimeter breit sein – dann sind sie bequem zu bewirtschaften. Eine reine Nutzgartenfläche können Sie, je nach Vorlieben, in unterschiedlichen Stilen gestalten. Ob runde oder rechteckige Beete, gerade oder geschwungene Wege, Beläge aus Klinker, Kies oder Rindenmulch, Einfassungen aus Metall, Stein oder Weidengeflecht – die Möglichkeiten sind nahezu unbegrenzt. Der Stil sollte jedoch zum Rest des Gartens passen und sich harmonisch einfügen.

Für eine optimale Anbauplanung ist etwas Tüftelei erforderlich und es sind ein paar Grundregeln zu beachten. Am besten führen Sie ein Gartentagebuch, in dem Sie Ihre Erfahrungen festhalten können.

Mit **Fruchtfolge** bezeichnet man den aufeinanderfolgenden Anbau von ver- schiedenen Gemüsearten in einem Beet innerhalb eines bestimmten Zeitraums.

Dabei sollten Sie beachten, welche Gemüse wie viele Nährstoffe brauchen, und deren Anbau jährlich abwechseln. So vermeiden Sie einen einseitigen Nährstoffentzug des Bodens. Zum Beispiel sollte einem Starkzehrer wie Grünkohl ein Schwach- oder Mittelzehrer folgen (Kräuter, Mangold). Pflanzen der glei- chen Art sollten Sie nicht mehrere Jahre hin- tereinander am gleichen Platz anbauen – das würde dem Boden ebenfalls einseitig die Nährstoffe entziehen (Bodenmüdigkeit). Viele Gemüse reagieren sogar regelrecht „allergisch" auf einen Folgeanbau im nächsten Jahr. Die Ursachen dafür sind nicht eindeutig geklärt. Es spielen vermutlich verschiedene Faktoren eine Rolle: Krankheitserreger und Schädlinge, Pflanzenrückstände und andere Stoffwechsel- produkte im Boden, Wurzelausscheidungen usw. Halten Sie deshalb eine Anbaupause von 3 bis 4 Jahren ein. Bei einem gezielten **Fruchtwechsel** achtet man darauf, dass jährlich nicht nur unterschiedliche Arten, sondern auch Arten verschiedener Familien angebaut werden.

Verschiedene Teilbeete und ein Wegenetz garantieren
eine bequeme Bewirtschaftung größerer Flächen.

Zudem unterscheidet man **Hauptkulturen** –
sie beanspruchen den Platz im Beet für den
Großteil der Saison – und **Vor**- beziehungsweise **Nachkulturen**. Als Vorkultur eignen sich
dementsprechend raschwüchsige Arten,
während die Nachkultur erst angebaut wird,
nachdem die Hauptkultur geerntet ist, und bis
zum Winter stehen bleiben kann. Daneben gibt
es auch sogenannte **Zwischenkulturen**, die
zusammen mit der Hauptkultur auf dem Beet
stehen und als schnell wachsende Kulturen die
anfänglichen Lücken der „langsamen" Hauptkulturen füllen.

Und für alle, die nicht genug bekommen
können: Mit einem **Frühbeet** und dem Anbau
im Folientunnel oder unter Vlies sind Sie noch

etwas unabhängiger von der Witterung. Die
Gartensaison kann damit früher beginnen und
bis in den Winter andauern. Ein Gewächshaus
macht das Gärtnern sogar das ganze Jahr über
möglich und schafft die Voraussetzung, auch
wärmeliebende Arten, die in unseren Breiten
nicht überall gedeihen, zu beherbergen.

Auf die Plätze – fertig – los

Nachdem Sie sich über Ihre Wünsche und Möglichkeiten klar geworden sind, geht es nun an die Umsetzung. Am besten starten Sie Ihre Gärtnerkarriere mit etwas, das vor allem Frauenherzen höher schlagen lässt – mit einem Einkaufsbummel.

Ein Auftakt nach Maß – die richtigen Utensilien

Wo und wie Sie Ihre Gartenutensilien besorgen, hängt von Ihren persönlichen Vorlieben ab. Für Internet-Fans gibt es mittlerweile zahlreiche Online-Shops für Gartenfachartikel, in denen Sie mit Sicherheit fündig werden. Ich persönlich bevorzuge das haptische Erlebnis beim Bummel durch Gärtnereien oder Gartencenter – zumal es dort Inspirationen, praktische Hilfe und persönlichen Rat gleich gratis dazugibt. Die größte Auswahl finden Sie in Gartencentern oder Baumärkten mit gut sortierten Gartenabteilungen. Da wird für jeden Geldbeutel etwas geboten. Günstige Angebote für Gartenutensilien und Saisonpflanzen finden Sie auch in großen Supermärkten. Hier sollten Sie jedoch ein wachsames Auge auf die Qualität haben. In Gärtnereien und Baumschulen ist die Auswahl meist klein, dafür aber fein und hochwertig.

Meine Empfehlung: Bei Gartengeräten und Grundausstattung lieber etwas weniger kaufen, dafür aber hohe Qualität wählen. So haben Sie viele Jahre Freude an Spaten & Co. Übrigens gibt es heute schon viele Produkte, die besonders ergonomisch und leichtgängig sind und mit denen sehr gelenk- oder rückenschonend gearbeitet werden kann; sogar spezielle Geräte für Frauen (zum Beispiel Gartenscheren) sind im Handel erhältlich. Für das Topfgärtnern reichen bereits eine Handschaufel, eine Gartenschere, Gefäße und eine Gießkanne. Gartenbesitzer brauchen zudem eine Grabegabel, einen Spaten, eine Hacke und vielleicht einen Gartenschlauch (evtuell mit Rollwagen) sowie eine Schubkarre. Zum Aufbewahren und Transportieren sind ausgediente Obstkisten, Eimer oder praktische Gartentaschen aus strapazierfähigem Kunststoff hilfreich.

Im Gartenfachhandel bekommen Sie gute Qualität und Beratung.

Ihr Startkapital –
der Boden

Das A und O für eine gute, ertragreiche Ernte? Propere Pflanzen, die sich wohlfühlen und alles haben, was sie brauchen. Denn nur wenn genügend Nährstoffe, Licht und Wasser vorhanden sind, geben Gemüse & Co. ihr Bestes.

Das wichtigste Startkapitel ist deshalb der Gartenboden. Für den Küchengarten eignet sich besonders ein lockerer und humusreicher Boden. Haben die Pflanzen in mageren Böden zu wenig „Futter" oder müssen die Wurzeln in schweren, nassen Böden einen „harten Kampf" führen, dann kümmern sie und bringen nicht den gewünschten Ertrag. Lernen Sie deshalb erst einmal Ihren Boden kennen, damit Sie wissen, womit Sie es zu tun haben (siehe Kasten Seite 22). Ganz grob lassen sich drei Typen unterscheiden: sandreiche, lehmreiche und tonreiche Böden – natürlich in verschiedenen Abstufungen. Doch keine Angst vor „schlechten" Ergebnissen: Je nach Bodenart sind ein paar Verbesserungen nötig, aber auch möglich.

Tonböden haben einen hohen Nährstoffanteil und sind feucht bis nass. Sie lassen sich allerdings schwer bearbeiten, verdichten schnell und neigen zu Staunässe. Durch Umgraben und Einarbeiten von Kompost, Gesteinsmehl, Kalk und Sand werden sie lockerer und besser durchlüftet. Den Nährstoffgehalt verbessern Sie damit ebenfalls.

Sandböden sind locker, durchlässig, gut durchlüftet und somit leicht zu bearbeiten. Sie erwärmen sich schnell und müssen selten umgegraben werden. Allerdings speichern sie kaum Nährstoffe und Wasser. Mit organischen Stoffen wie abgelagertem Mist und Kompost sowie Steinmehl und Algenkalk erreichen Sie einen höheren Nährstoffgehalt und verbessern die Wasserspeicherung.

Lehmböden vereinen die Vorzüge von Sand- und Tonböden und sind ideal. Unterstützen Sie diese durch regelmäßige Gaben von organischem Material wie Kompost.

Doch was, wenn all diese Bemühungen nicht das gewünschte Resultat bringen beziehungsweise der Boden sich einfach nicht „hochpäppeln" lässt? Dann schlagen Sie ihm ein Schnippchen: Steigen Sie auf Topfkultur um oder bauen Sie ein Hochbeet. Das können Sie mit dem idealen Substrat befüllen. Im Gartenfachhandel finden Sie Fertiglösungen in verschiedenen Ausführungen. Oder Sie lassen sich vom Landschaftsgärtner ein maßgeschneidertes Beet anlegen – das ist aber natürlich etwas kostspieliger.

Ein lockerer, feinkrümeliger und humoser Boden ist die beste Vorraussetzung für die meisten Gemüsearten. Er lässt sich gut bearbeiten.

Auch bei der Topfkultur sind Sie nicht vom vorhandenen Gartenboden abhängig, sondern können genau die Bedingungen schaffen, die Sie für Ihr Lieblingsgemüse oder Ihre Lieblingskräuter brauchen. Ein saures Milieu für Heidelbeeren ist genauso möglich wie ein nährstoffarmer, durchlässiger Boden für mediterrane Kräuter. Ob Universal- oder Spezialsubstrat: Beim Topfgärtnern ist die Qualität ausschlaggebend für den Erfolg, da den Pflanzen nur ein begrenzter Wurzelraum und somit ein begrenztes Angebot an Nährstoffen zur Verfügung steht. Knausern Sie also nicht und entscheiden Sie sich lieber für hochwertige Produkte aus dem Fachhandel. Die Topferde sollte eine gute Nährstoff- und Wasserspeicherkapazität besitzen. Die meisten enthalten bereits einen Dünger, der den Start zusätzlich erleichtert. Inzwischen sind auch torffreie, aus nachwachsenden Rohstoffen hergestellte Erden und Substrate erhältlich (zum Beispiel mit Kokos- und Holzfasern oder Rindenhumus). Das schont die Torfgebiete und somit die Umwelt.

Den roten Teppich brauchen Sie nicht auszurollen, um die Gemüsestars ins Beet zu locken. Aber ein paar vorbereitende Maßnahmen erleichtern ihnen den Start. Als Erstes sollte das Beet tiefgründig gelockert werden. Das geht am besten mit der Grabegabel oder einem Grubber. Dabei können Sie auch gleich lästiges Unkraut und größere Steine entfernen. Jetzt noch die Oberfläche mit einem Rechen glätten – schon ist das Beet fertig für die Aussaat oder das Bepflanzen. Ein Umgraben im Herbst empfiehlt sich übrigens nur bei schweren Böden. Durch die Kälteeinwirkung, die sogenannte „Frostgare", wird grobes, festes Gefüge gelockert; das wirkt sich positiv auf die Krümelstruktur des Bodens aus.

Welchen Boden habe ich?

Die Eigenschaften Ihres Bodens lassen sich am schnellsten mit einer „Krümelprobe" feststellen. Nehmen Sie dazu ein wenig feuchte Erde in die Hand und kneten oder rollen Sie die Bodenprobe.

■ **Tonboden** bleibt an den Händen kleben und lässt sich leicht zu einer relativ stabilen Rolle formen.

■ **Sandboden** krümelt, rieselt schnell durch die Finger und lässt sich nicht rollen.

■ **Lehmboden** klebt ein wenig an den Händen, lässt sich gut rollen, zerfällt bei geringem Druck jedoch wieder.

Den Säure- beziehungsweise Kalkgehalt des Bodens können Sie mit einem Mess-Set aus dem Gartenfachhandel feststellen (pH-Test). Wer eine professionelle Untersuchung wünscht, wendet sich an den örtlichen Obst- und Gartenbauverein, an eine Bodenuntersuchungsanstalt oder ein Bodenlabor. Bei einer ausführlichen Bodenanalyse erhalten Sie auch Düngeempfehlungen.

Ausgestattet mit den richtigen Geräten geht das Säen und Pflanzen kinderleicht.

Ab ins Beet

Juckt es schon in den Fingern? Ausgerüstet mit einem Anbauplan und den richtigen Werkzeugen können Sie gleich im Frühjahr loslegen. Denn wer nicht selbst aussät, kann ab Februar Gemüse und Salat als Setzlinge oder Jungpflanzen kaufen. Wie beim Einkauf von Geräten gilt auch hier: Gute Qualität hat ihren Preis, zahlt sich aber aus. Preiswerte Pflanzen, die schnell „hochgepusht" wurden, machen im Beet meist ebenso rasch wieder schlapp. Eine gute Qualität erkennen Sie an einem kompakten, gut durchwurzelten Topfballen, der nicht zu trocken ist. Kaufen Sie möglichst kräftige Pflanzen; die Blätter sollten gleichmäßig grün und ohne Flecken oder braune Ränder sein. Insbesondere bei Topfkräutern sollten Sie auf gesunde Wurzeln (hell, nicht verfilzt oder vertrocknet) und eine unbeschädigte, vital aussehende Blattmasse achten.

Der richtige Zeitpunkt

Die beste Pflanzzeit für Sträucher und Gehölze sowie ausdauernde Kräuter ist der Herbst. Die meisten Pflanzen erhalten Sie jedoch als Containerware das ganze Jahr über; diese können jederzeit gesetzt werden. Sie sollten lediglich darauf achten, sie am Anfang genügend zu wässern, damit sie gut anwachsen. Wärmeliebende Obstarten oder mediterrane Kräuter pflanzen Sie besser im Frühjahr oder Frühsommer.

Den Zeitpunkt für das Auspflanzen von Gemüse hängt von den Arten ab (Hinweise dazu in den Porträtbeschreibungen). Die meisten können ab April/Mai ins Beet. Auf jeden Fall sollten die Setzlinge kräftig und gut ausgebildet sein, bevor sie von der geschützten Anzucht ins Freiland umziehen.

So funktioniert's

Beim Anbau im Beet lockern Sie zunächst den Boden tiefgründig mit der Grabegabel, der Harke oder dem Grubber und verbessern ihn wenn nötig mit Zusatzstoffen (siehe Seite 21). Für Gehölze heben Sie ein ausreichend großes Pflanzloch aus, sodass der Ballen gut darin Platz hat (zirka doppelt so groß) und die Wurzeln beim Einsetzen nicht geknickt oder gequetscht werden. Größere Sträucher und Bäume benötigen einen Pfahl, an den sie angebunden werden; dieser wird zuerst ins Pflanzloch gesetzt. Danach die Pflanze mit Wurzelballen gerade einsetzen und das Loch mit Erde auffüllen (der Wurzelballen sollte ein paar Zentimeter überdeckt sein); Containerpflanzen setzen Sie am besten so ein, wie sie vorher im Topf standen. Die Veredelungsstelle bei Obstbäumen (erkennbare Verdickung) muss über dem Boden bleiben.

Kräftige, gesunde Jungpflanzen und Setzlinge erhalten Sie ebenfalls im Gartenfachhandel.

Für **Gemüse**, **Salate** und **Kräuter** heben Sie ebenfalls ein ausreichend großes Loch mit dem Handspaten aus. Pflanzen Sie gemäß den vorgeschlagenen Abständen (in etwa so groß wie der spätere Durchmesser der Pflanze). Bei den meisten Arten setzen Sie den Wurzelballen zirka einen Fingerbreit tiefer als die Erdoberfläche; bei Containerpflanzen zirka so, wie sie vorher im Topf saßen. Allerdings gibt es auch Ausnahmen, zum Beispiel kopfbildende Salate – sie werden sehr flach eingesetzt, damit der Wurzelhals nicht fault – und Tomaten. Sie werden tiefer eingesetzt.

Zum Schluss alle Pflanzen leicht andrücken und gut angießen.

In **Gefäßen** geht der Pflanzvorgang prinzipiell wie im Beet vonstatten. Wichtig dabei ist die Dränageschicht (siehe Tipp Seite 25) sowie ein hochwertiges, nährstoffreiches Substrat inklusive Startdüngung. Achten Sie darauf, dass Sie in einem Gefäß nur Pflanzen mit gleichen Wuchsbedingungen kombinieren, die sich gut vertragen. Außerdem

sollte das Gefäß die richtige Höhe haben: Für Flachwurzler reichen Schalen und Kästen, Tiefwurzler brauchen höhere Töpfe und Kübel. Füllen Sie das Substrat bis auf die letzten 2 bis 3 Zentimeter unterhalb des Topfrandes ein – so bleibt ein Gießrand. Kontrollieren Sie bei mehrjährigen Arten immer wieder, ob die Topfgröße noch ausreichend ist. Nehmen die Wurzeln den ganzen Platz im Topf ein und sind sie bereits im Dränageloch sichtbar, wird es höchste Zeit für einen „Umzug" in ein größeres Gefäß. Umgetopft wird am besten im Frühjahr – dann starten die Pflanzen zur neuen Saison wieder voll durch.

Was brauche ich?

Zum Auspflanzen im Beet

- Pflanzen (Setzlinge oder Jungpflanzen beziehungsweise Sträucher und Bäume)
- Eventuell bodenverbessernde Stoffe wie Sand, Humus, Gesteinsmehl
- Grabegabel zum Lockern
- Spaten
- Maßband

Zum Einpflanzen im Topf

- Pflanzen
- Töpfe und Kästen
- Hochwertiges Substrat
- Dränagematerial, Tonscherben
- Eventuell Wasserspeichermatten, Bewässerungssystem mit Wasserstandsanzeiger
- Handschaufel

Keine nassen Füße

Das Wichtigste an der Topfkultur? Es sollte keine Staunässe entstehen. „Nasse Füße" mögen Gemüse & Co. gar nicht. Sie reagieren mit faulenden Wurzeln, können Nährstoffe nicht mehr richtig aufnehmen und verkümmern schließlich. Achten Sie deshalb auf eine gute Dränage am Topfboden. Füllen Sie dazu grobkörniges Material wie Blähton, Kies oder Tonscherben mindestens fünf Zentimeter hoch ein. Die Gefäße sollten zudem ein Abzugsloch haben, damit überschüssiges Wasser abfließen kann. Ist das nicht der Fall, können Sie mit der Bohrmaschine nachhelfen und selbst welche einfügen. Über das Loch legen Sie ein Stück Vlies oder eine Tonscherbe, damit einerseits nicht zu viel Erde herausfällt und andererseits das Loch nicht mit der Zeit verstopft. So kann der nächste Regenschauer getrost kommen, ohne für eine Überflutung im Topf zu sorgen.

Legen Sie als Erstes eine Tonscherbe über das Loch im Topfboden.

Pflanzsubstrat

Tonscherbe   grobkörniges Material

Füllen Sie nun einige Zentimeter grobkörniges Material in den Topf.

Gemüse aus eigener Anzucht

Jedes Frühjahr erleben wir bei der Aussaat lauter kleine Wunder: Aus winzigen Samenkörnern entwickeln sich zuerst zarte Blattpaare, die dann nach und nach zu kräftigen Jungpflanzen heranwachsen. Und bei der ersten Ernte stehen wir mit stolzgeschwellter Brust vor unseren Zöglingen und freuen uns über die Genüsse, die sie uns verheißen. Doch auch wenn es ein tolles Erlebnis ist – nicht jeder hat die nötige Zeit und Muße, Setzlinge selbst hochzupäppeln, oder genügend Platz für eine Vorkultur in der Wohnung. Ebenso gibt es ein paar „Aussaat-Diven" beziehungsweise „Spätentwickler" bei denen die Aussaat zur Geduldsprobe wird. Im Frühjahr bekommen Sie deshalb in Gärtnereien und Gartencentern Gemüsejungpflanzen zum Kauf angeboten, Kräuter im Topf sogar das ganze Jahr über. Je nach Bedarf und Platzangebot empfiehlt sich deshalb eine Mischung aus selbst gezogenen und gekauften Setzlingen.

Im vielfältigen Angebot der Samenhersteller finden Sie Saatgut in verschiedenen Formen und Qualitäten. **Pilliertes Saatgut** bedeutet, dass besonders feine Samen eine Umhüllung bekommen haben, damit sie größer und somit „handlicher" werden. Die Umhüllung löst sich – bei genügend Feuchtigkeit – in der Erde auf. **Saatbänder** sind besonders praktisch, da die Samen bereits im richtigen Abstand in ein Vlies eingelassen sind. So sparen Sie sich das Ausmessen und später das Ausdünnen beziehungsweise Pikieren (das Verpflanzen von zu dicht stehenden Sämlingen auf größere Abstände). Für die Topfkultur eignen sich **Saatscheiben** besonders gut. **Standardsaatgut** ist sortenrein und entspricht dem EG-Standard. **Zertifiziertes Saatgut** gewinnt man aus ausgewählten Pflanzen; es ist hochwertiger, aber auch etwas teurer. **Bio-Saatgut** wird in streng kontrollierten ökologischen Betrieben hergestellt. Wer es preisgünstig mag, kann natürlich auch selbst Samen sammeln.

Für Empfindliche – der Start im Warmen

Viele Arten keimen nur bei Temperaturen zwischen 18 und 22 °C oder haben lange Kulturzeiten. Deshalb ist es besser, sie im Warmen vorzuziehen und nicht direkt ins Freie zu säen. Wer wenig Platz und kein beheiztes Kleingewächshaus zur Verfügung hat, startet seinen „Gemüse-Kindergarten" ganz einfach auf der Fensterbank (was Sie dafür benötigen, finden Sie in der Checkliste unten). Ideal sind helle, warme Südfenster. Dort bekommen die Pflanzen schon ab März ausreichend Licht.

Was brauche ich?

- Qualitätssaatgut
- Aussaatschale, Multitopfplatten, Jiffytöpfe, Torfquelltöpfe; auch Eierkartons, alte Eisbehälter oder Papp- beziehungsweise Plastikbecher funktionieren
- Aussaaterde
- Abdeckhaube, Folie
- Eventuell Zimmergewächshaus
- Pikierstab
- Töpfe für Jungpflanzen
- Maßband
- Stecketiketten, wasserfester Stift

Spezielle Anzuchttöpfe (zum Beispiel aus Zellulose und Torf) können später mit eingepflanzt werden.

Und so funktioniert's:

- Füllen Sie das Anzuchtgefäß mit spezieller Anzuchterde (nicht gedüngt, keine groben Bestandteile), ziehen Sie die Oberfläche glatt – zum Beispiel mithilfe eines Holzbrettes – und drücken Sie die Erde leicht an.

- Verteilen Sie die Samen gleichmäßig auf dem Substrat. Auf der Samentüte können Sie nachlesen, ob die gewählte Art ein Dunkel- oder ein Lichtkeimer ist. Lichtkeimer brauchen – wie der Name schon sagt – Licht, um aufzugehen. Sie dürfen deshalb kaum mit Erde bedeckt werden (Samen nur leicht andrücken). Alle anderen stört es nicht beziehungsweise brauchen die Dunkelheit, um zu keimen. Diese bedecken Sie so hoch mit Substrat, wie sie dick sind. Für größere Samen eignen sich übrigens Jiffytöpfe oder Torfquelltöpfe sehr gut. Diese werden später mitsamt der Pflanze ausgepflanzt.

- Danach die Aussaat gleichmäßig anfeuchten, zum Beispiel mit einem Zerstäuber. Decken Sie das Gefäß mit einer Abdeckhaube, Folie (die Ecken an Holzspießchen

Noch frisch?

Auf den Samentüten finden Sie ein Haltbarkeitsdatum. Sind die Samen bereits „abgelaufen" oder sind Sie unsicher, ob diese richtig gelagert wurden, können Sie mit der Keimprobe feststellen, ob sie noch zuverlässig keimen. Nehmen Sie dazu einen mit Vliespapier ausgelegten Teller und verteilen Sie eine abgezählte Menge Samen darauf (zum Beispiel 20 Stück). Legen Sie eine zweite Lage Vlies darüber (außer bei Lichtkeimern) und decken Sie das Ganze mit Folie ab – das Papier stets feucht halten! Keimen mehr als 75 Prozent der Samen, ist das Saatgut noch in Ordnung; bei weniger als 50 Prozent sollten Sie es nicht mehr verwenden.

befestigen, damit etwas Abstand zum Substrat bleibt) oder einer Glasglocke ab. Das ist notwendig für einen guten Feuchte- beziehungsweise Wärmehaushalt und dient als Schutz. Noch geschützter wachsen die Pflanzen in einem Zimmergewächshaus. Die gibt es sogar mit Heizmatten zum Einlegen.

- Stellen Sie die Gefäße hell und warm auf. Kontrollieren Sie den Zustand Ihrer Zöglinge jeden Tag. Es ist wichtig, dass die Aussaat immer gut feucht ist (aber nicht nass).

- Das erste Blattpaar, das erscheint, sind die Keimblätter. Lüften Sie jetzt die Aussaat auch regelmäßig. Sobald weitere Blätter vorhanden sind, können Sie die Abdeckung komplett entfernen.

- Nach 3 bis 6 Wochen wird es langsam ziemlich eng und die Sämlinge fangen an, miteinander zu konkurrieren. Nun ist es Zeit zum Pikieren, das heißt, die Sämlinge zu vereinzeln und in separate Töpfe zu setzen (zirka 8 bis 10 Zentimeter Durchmesser). Besonders schwache sollten Sie dabei gleich aussortieren. Beim Pikieren ist ein wenig Fingerspitzengefühl gefragt, damit die feinen Wurzeln nicht beschädigt werden. Am besten verwenden Sie ein Pikierholz, um die Einzelpflänzchen herauszulösen. Im neuen Topf setzen Sie den Sämling in ein Loch und drücken die Erde leicht an; danach wieder wässern.

- Ab Mai können Sie die Jungpflanzen langsam „abhärten", indem Sie sie an bedeckten Tagen für ein paar Stunden ins Freie stellen. Ab Mitte Mai dürfen die meisten ganz nach draußen umziehen (siehe dazu Seite 23 f.).

Wer bin ich?

Bei mehreren Aussaaten kann man schon mal den Überblick verlieren, zumal sich die Pflanzenknirpse am Anfang täuschend ähnlich sehen. Machen Sie sich deshalb das Leben leichter und beschriften Sie die Aussaaten ordentlich. Ganz nach Geschmack gibt es zu diesem Zweck beschreibbare Etiketten in verschiedenen Ausführungen – von Holz über Pappe bis hin zu schicken Metallsteckern. Oder Sie lassen Ihrer Kreativität freien Lauf und basteln selbst welche. Zum Beschriften nehmen Sie am besten einen wasserfesten Stift oder einen Kugelschreiber.

Die Harten in den Garten – Kaltstart

Die „Schnellstarter" unter den Nutzpflanzen, also diejenigen mit kurzer Kulturdauer, können Sie auch direkt ins Freie säen. Der Vorteil: Alles wächst gleich an Ort und Stelle und das Vereinzeln entfällt. Der Nachteil: Sie können erst loslegen, wenn der Boden schon gut erwärmt ist und es keinen Nachtfrost mehr gibt – also frühestens ab Mitte Mai. Drinnen vorgezogene Pflanzen haben bis dahin schon einen deutlichen Wachstumsvorsprung. Beachten Sie bei der Direktsaat die empfohlenen Pflanzabstände und die richtige Saattiefe – beide Informationen finden Sie auf den Samentüten.

Lockern Sie den Boden vor Beginn auf. Die Aussaat in Reihen eignet sich für die meisten Arten. Ziehen Sie dazu mit einem Pflanzholz oder dem Rechenstiel eine Rille, streuen Sie die Samen hinein und schließen Sie die Rille dann wieder. Wenn Sie eine Pflanzschnur spannen, wird's schön gerade. Vor Kälte, gefräßigen Vögeln oder heftigem Regen können Sie die Aussaat mit Vlies oder Pflanzhütchen schützen.

Mit der **Direktsaat in Töpfen** und Kästen kann meist früher begonnen werden, da sich die Erde im Topf schneller erwärmt. Die mobilen Gefäße können zudem geschützt aufgestellt werden. Robuste Arten wie Radieschen, Salat, Mangold können Sie ab April, andere Arten wie Gurke, Zucchini, Bohne ab Mitte Mai aussäen.

Aus eins mach zwei –
oder drei oder vier ...

Sie hätten gern etwas mehr von Ihren Lieb-
lingskräutern? Kein Problem: Aus Triebstücken
oder Ausläufern können Sie neue Pflanzen
heranziehen – und das sogar zum Nulltarif!

Mehrjährige Kräuter lassen sich sehr gut über
Stecklinge vermehren. Schneiden Sie dazu
frische oder mittlere Triebstücke mit einem
scharfen Messer oder der Gartenschere ab.
Der beste Zeitpunkt ist bei den meisten mehrjährigen Kräutern Mai beziehungsweise Juni
(aber vor der Blüte). Setzen Sie den Steckling in
mit Anzuchterde gefüllte Multitopfplatten oder
Töpfe. Dann angießen, mit einer Folie oder Abdeckhaube geschützt warm stellen und feucht
halten. Wenn die ersten neuen Blätter erscheinen, sind auch die Wurzeln so entwickelt, dass
die Pflanzen bald umgesetzt werden können.

Überhängende, sich zum Boden neigende Triebe werden als **Absenker** vermehrt. Fixieren Sie
diese Triebe zum Beispiel mit Drahtklammern
oder einem Stein in einer Erdrinne, ritzen Sie
die Rinde am unteren Ende etwas ein und bedecken Sie die Triebe mit Erde. Nach kurzer
Zeit bilden sich dort neue Wurzeln. Sind diese
kräftig genug, kann der Trieb von der „Mutter-
pflanze" getrennt und neu eingepflanzt werden.

Am einfachsten und schnellsten lassen sich
buschig wachsende Kräuter jedoch durch
Teilung vermehren. Bei manchen ist das sogar
ratsam, denn sie werden dadurch verjüngt und
bekommen neuen Auftrieb. Entweder graben
Sie die Kräuter aus und teilen den Wurzelballen mit der Hand oder einem scharfen
Messer oder Sie stechen im Beet Teile davon
mit einem Spaten ab. Diese werden dann an
anderer Stelle beziehungsweise in einen neuen
Topf gepflanzt und wachsen nach kurzer Zeit
„wie neugeboren" weiter.

Eigenständige Minis

n Sachen Vermehrung können Sie von
der Eigenheit der Erdbeeren, Ausläufer
zu bilden, profitieren. Denn aus den
„Minis" am Ende dieser Ausläufer
können eigenständige Jungpflanzen
werden. Wählen Sie dazu einige Ausläufer aus und leiten Sie diese in kleine,
mit Erde gefüllte Töpfe. Dort werden
die Ausläufer mit einer Klammer
befestigt und dann heißt es abwarten.
Nach 4 bis 6 Wochen sind sie ange-
wachsen und können von der Mutter-
pflanze getrennt werden. Möchten Sie
keinen eigenen Nachwuchs züchten,
dann schneiden Sie die Ausläufer bei
der Gartenerdbeere ab, damit sie ihre
ganze Kraft in die Früchte steckt.

Die Triebspitze des Absenkers sollte immer
aus der Erde ragen.

Das Einmaleins der Pflege

Sie haben alles getan, um Ihren Pflanzen einen guten Start zu ermöglichen. Jetzt sind noch ein paar „Kurskorrekturen" nötig, damit sie auch tatsächlich ins Ziel kommen. Ausreichend „Futter" – sprich Nährstoffe – und genügend Feuchtigkeit sind das A und O für eine gute Ernte. Dann noch ein wenig Bodenpflege – und die Verleihung des „grünen Daumens" ist Ihnen am Ende der Erntesaison so gut wie sicher. Mit Gießkanne und Harke bewaffnet, wird der tägliche Gang durch die Reihen zur entspannenden Wohltat. Hektischer Büroalltag und Stress sind schnell vergessen – Garten-Wellness pur.

Topfbewohner benötigen in dieser Hinsicht ein wenig mehr Aufmerksamkeit als ihre Verwandten im Beet: Die begrenzten Bedingungen im Gefäß können schneller zu „Stresssituationen" für die Pflanzen führen. Das Regulieren von Nährstoffen und Feuchtigkeit ist deshalb noch wichtiger. Spezielle Wasserspeicherkästen (mit Wasserreservoir am Boden) inklusive Wasserstandsanzeiger helfen, den Überblick zu be-

wahren. Für „Gießmuffel" macht sich zudem eine automatische Bewässerung (zum Beispiel mit Tropfschlauch) bezahlt. Und die Urlaubsvertretung für ein paar Tage übernehmen beispielsweise Tonkegel mit Wasserreservoir oder mit Wasser gefüllte Flaschen, die kopfüber in die Erde gesteckt werden.

Wasser marsch!

Für das Gießen gibt es keine Faustregel, denn der Wasserbedarf ist je nach Art und Witterung unterschiedlich. Doch wenn Sie ein paar grundlegende Regeln (siehe Kasten) beachten, kann nicht allzu viel schiefgehen. Alarmzeichen sind schlappe, hängende Triebe und Blätter. Zeigt sich bei Topfpflanzen ein Spalt zwischen Topfrand und Erde oder ist die Erde rissig? Dann ist es höchste Zeit für einen Wasserschub. Kübelpflanzen können Sie auch über den Untersetzer gießen – diesen ganz auffüllen und überschüssiges Wasser nach ungefähr einer halben Stunde abgießen, damit keine Staunässe entsteht.

Goldene Gießregeln

- Wässern Sie gründlich und durchdringend, das heißt in kurzem Abstand zweimal an der gleichen Stelle. Das ist besser, als öfter, aber dafür weniger, zu gießen.
- Gelockerter Boden nimmt Wasser besser auf – deshalb regelmäßig hacken.
- Der beste Zeitpunkt ist frühmorgens oder abends. So verdunstet weniger.
- Sammeln und nutzen Sie Regenwasser – das ist umweltfreundlich, gratis, hat schon die richtige Temperatur und ist meist weicher als Leitungswasser.

- Gießen Sie idealerweise an der Basis der Pflanzen beziehungsweise auf den Boden. Wassertropfen auf den Blättern können zu Verbrennungen führen oder Fäulnis und Pilze begünstigen.
- Jungpflanzen gießen Sie besser mit erwärmtem Wasser statt kaltem aus der Leitung. Füllen Sie beispielsweise nach jedem Gießvorgang die Gießkanne gleich wieder auf. Dann ist das Wasser bis zum nächsten Mal erwärmt und abgestanden.
- Eine automatische Bewässerung spart Zeit und Geld, denn sie arbeitet effektiv.

Maniküre für den Boden

Der Boden nimmt Wasser viel besser auf, wenn er gelockert und nicht verkrustet ist. Deshalb sollten Sie regelmäßig die Hacke schwingen, um den Boden aufzulockern – sozusagen als kostenloses Fitness-Workout. Dabei können Sie auch gleich lästiges Unkraut entfernen – die Konkurrenten von Gemüse und Kräutern. Ein Vlies hilft ebenfalls, diese unerwünschten „Mitbewohner" im Gartenbeet in Schach zu halten.

Eine tiefgründige Lockerung steht mindestens einmal pro Jahr auf dem Programm, am besten im Frühjahr oder am Ende der Saison im Herbst. Stechen Sie dazu mit der Grabegabel in kurzen Abständen in den Boden und bewegen Sie diese kräftig hin und her. Mit einem Grubber (Dreizahn) oder einem Kultivator gelingt die Lockerung ebenfalls spielend. Danach die Oberfläche mit einem Rechen wieder einebnen.

Unter **Mulchen** versteht man das Abdecken der Bodenoberfläche mit organischen Materialien (zirka 2 bis 5 Zenitmeter hoch). Das hat mehrere Vorteile: Eine Mulchdecke schützt vor starker Sonneneinstrahlung, mindert die Verdunstung und schützt somit den Boden vor Austrocknung. Außerdem hat Unkraut kaum eine Chance, durch die geschlossene Decke zu dringen. Zu guter Letzt regt das verrottende Mulchmaterial das Bodenleben an.

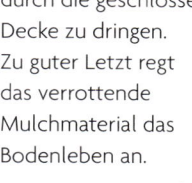

Eine Mulchschicht wird am Sommeranfang ausgebracht, über Winter kann sie vor Frost schützen. Im Frühjahr sollten die Beete jedoch frei sein, damit sich der Boden gut erwärmen kann. Als Mulchmaterialien im Küchengarten eignen sich Stroh, Laub-, Heuhäcksel, angetrockneter Rasenschnitt oder halb verrotteter Kompost. Ein Strohbeet verhindert bei Erdbeeren, Gurken und Zucchini auch das Verschmutzen sowie das Faulen von Früchten bei sehr feuchter Witterung. Vergessen Sie nicht, organisch zu düngen, bevor Sie Mulch ausbringen, denn die Bodenorganismen verbrauchen bei ihrer Aktivität viel Stickstoff, der dann den Pflanzen fehlen könnte. Sehr praktisch und wirkungsvoll sind die im Gartenfachhandel erhältlichen Mulchfolien und -vliese.

Nährstoffnachschub

Es ist erstaunlich, wie viel Blattmasse und Erntegut so eine Gemüsepflanze in kurzer Zeit hervorbringt. Das kommt natürlich nicht von ungefähr. Sie bedient sich dazu vom Boden und der muss immer wieder Nährstoffnachschub bekommen, damit das so bleibt.

Natürlich gibt es auch unter den Nutzpflanzen verschiedene Ansprüche und Wünsche bezüglich des Nahrungsangebots. Während die meisten Kräuter schon mit wenigen Nährstoffen zufrieden sind und nicht gedüngt werden müssen und bei Obst oftmals eine einmalige Düngergabe reicht, sind manche Gemüsearten als regelrechte „Nimmersatte" bekannt. Man unterscheidet – je nach Bedarf – Stark-, Mittel- und Schwachzehrer.

Die Qual der Wahl – auch beim Düngen

Den Nährstoffbedarf der Pflanzen können Sie entweder mit **mineralischem Dünger** decken, der schnell verfügbare Nährstoffe in Form von chemisch hergestellt Düngesalzen bietet (was jedoch leicht zu Überdüngung führen kann). Oder Sie setzen auf **organische Dünger**, was sich im Küchengarten ohnehin empfiehlt. Denn diese wirken langfristig, was sowohl für die Gesundheit der Pflanzen als auch für Ihre eigene besser ist. Im Fachhandel finden Sie zudem mineralisch-organische Dünger, eine Mischform.

Dünger Nr. 1 ist und bleibt dabei der Kompost! Entweder Sie stellen ihn selbst her oder Sie kaufen gute Produkte im Fachhandel. Aber auch Stallmist, Algendünger, Hornspäne, Guano oder pflanzliche Düngejauchen sind gut geeignet.

Nur nicht zu viel – die richtige Dosierung

Einen Festdünger streuen Sie an einem bedeckten Tag gleichmäßig auf dem feuchten Boden aus und arbeiten ihn anschließend oberflächlich ein. Flüssigdünger wird einfach mit dem Gießwasser ausgebracht. Beachten Sie dabei aber in jedem Fall die Dosierungsangaben auf der Packung. Ein Universaldünger kann vielseitig eingesetzt werden, Spezialdünger gibt es beispielsweise für Tomaten, Paprika oder Beeren.

Im Beet bringen Sie zum Saisonstart im Frühjahr eine **Grunddüngung** aus. Im Topfsubstrat ist eine Startdüngung für die ersten Wochen meist schon enthalten. Ob weitere Düngergaben notwendig sind, hängt von der jeweiligen Art ab. Für Schwachzehrer reicht meist die Grunddüngung aus, während Starkzehrer über den Sommer noch ein bis zwei weitere „Nahrungsschübe" brauchen. Ab Mitte/Ende August sollten Sie nicht mehr düngen – in der Regel sind zu diesem Zeitpunkt ausreichend Nährstoffe im Boden vorhanden, damit die Früchte gut ausreifen können – zusätzlicher Dünger würde gar nicht mehr verbraucht oder aufgenommen.

Bringen Sie Dünger besser an einem bedeckten Tag aus.

Kompost – das Gold des Gärtners

Beim Gärtnern geht nichts über einen hochwertigen Kompost. Er ist wirkungsvoll, preisgünstig und bietet zudem eine tolle Möglichkeit, organische Abfälle sinnvoll zu verwerten und zu entsorgen. Der einzige Haken: Sie benötigen ein wenig Geschick, etwas Platz und Geduld, um guten Kompost selbst herzustellen. Rohkompost, der sich zum Mulchen von Obstbäumen und Sträuchern oder für Starkzehrer eignet, entsteht in ungefähr 3 bis 5 Monaten. Gut verrotteter Reifekompost braucht dagegen schon 1 bis 3 Jahre, bis er als Dünger oder Bodenverbesserer zum Einsatz kommen kann.

Wem die klassische Eigenproduktion zu aufwendig ist, muss dennoch nicht auf eigenen Kompost verzichten. Schnell und einfach geht es mit den im Gartenfachhandel erhältlichen Thermokompostern (zum Beispiel aus Kunststoff). Die platzsparenden Tonnen finden auch im kleinen Garten eine Ecke. Ein Deckel schützt vor Regen und hält die Gerüche in Schach. Sie werden von oben befüllt und nach 6 bis 8 Monaten kann die fertige Komposterde an einer Klappe am unteren Ende entnommen und verarbeitet werden. **So funktioniert es:** Stellen Sie den Thermokomposter an einem halbschattigen, windgeschützten Ort auf; er muss Kontakt zum Boden haben. Füllen Sie regelmäßig Kompostmaterial hinein (siehe Kasten). Trockene und feuchte sowie grobe und feine Schichten sollten sich abwechseln. Sorgen Sie auch für ausreichend Sauerstoff und Feuchtigkeit. Die Arbeit erledigen dann die Bodenlebewesen – sie zersetzen die Abfälle. Ein Umsetzen des Komposts ist nicht nötig, fördert aber den Rotteprozess.

KAPITEL 2

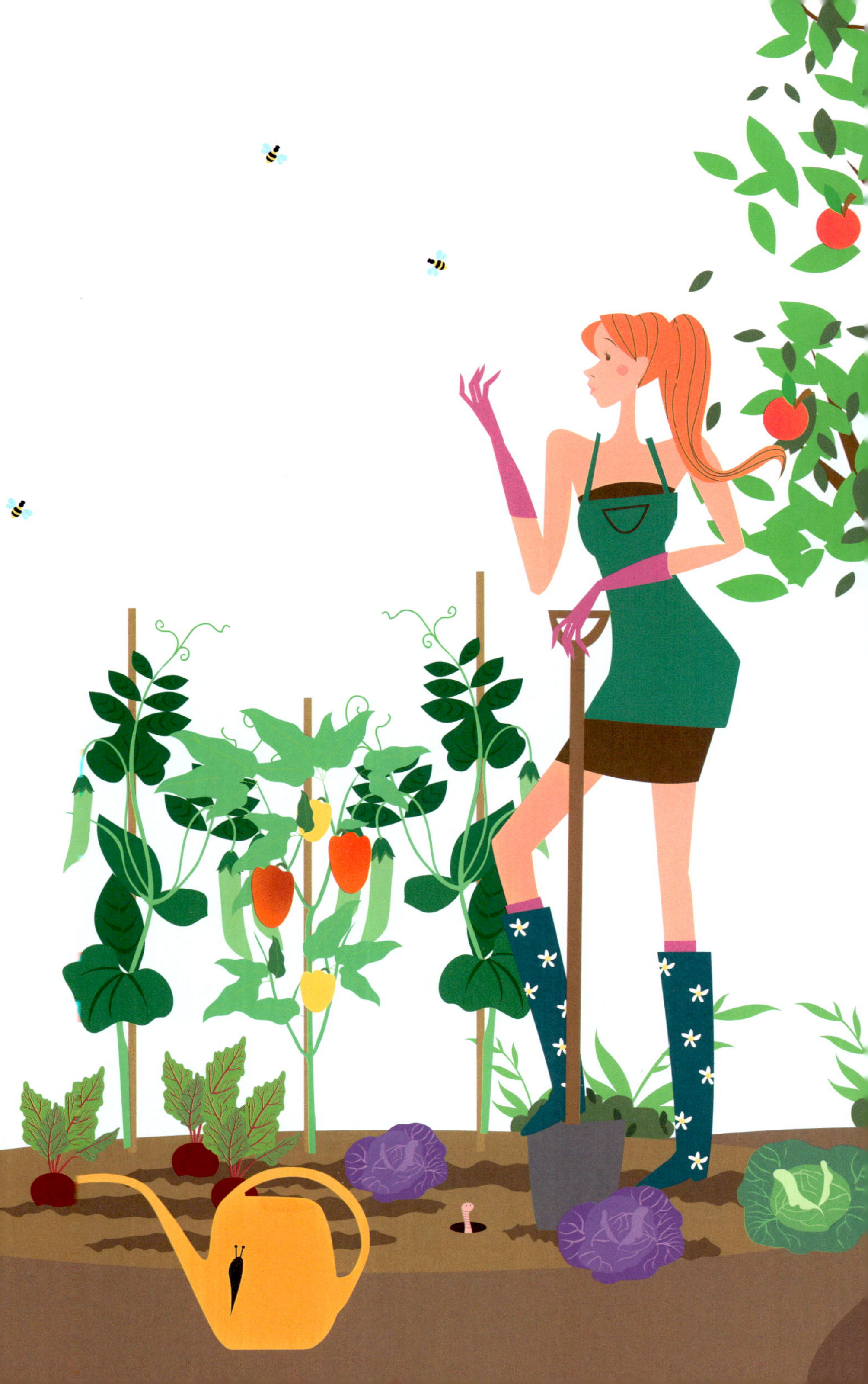

Gemüse im Porträt

Ob Knolle, Wurzeln, Blätter oder Früchte –
die Vielfalt an Gemüsesorten und -formen, die
unseren Speiseplan bereichern, ist groß. Allen
gemeinsam ist, dass sie reich an Vitaminen,
Mineral- und Ballaststoffen sind und deshalb
ein fester Bestandteil unserer Ernährung sein
sollten. Frisch vom Beet und voll ausgereift,
schmeckt Gemüse besonders lecker und man
kann sicher sein, dass dabei keine synthetischen
Substanzen wie Geschmacksverstärker und
künstliche Aromen im Spiel sind. Da könnte
man doch glatt zum Vegetarier werden ...

Salat – knackig, frisch und abwechslungsreich

Gerade bei Salaten ist der „Frischevorsprung" bei der Ernte aus dem eigenen Garten immens. Mit den verschiedenen Arten und Sorten können Sie schon auf kleinstem Raum, beispielsweise in ein bis zwei Balkonkästen, für viel Frische und Abwechslung sorgen. Gerade die einfach zu kultivierenden Pflücksalate sind dafür ideal – und bieten zudem sommerlanges Erntevergnügen. Pflücken Sie einzelne Blätter von außen nach innen und lassen Sie das Herzstück unverletzt stehen. Dann wachsen immer neue Blätter nach und Sie können lange Zeit genießen.

Sehr hübsch sind Kombinationen von verschiedenfarbigen Salaten, zum Beispiel rot- und grünblättrige Pflücksalate (im Gartenfachhandel finden Sie bereits fertige Salatmix-Mischungen). Späte Salate sorgen für eine Verlängerung der Salatsaison und der robuste Feldsalat kann sogar den Winter über im Beet stehen bleiben und geerntet werden. Salatpflanzen, vor allem junge, sind jedoch auch bei den gefräßigen Schnecken sehr beliebt – hier lohnt sich also ein entsprechender Schutz.

Eissalat

Lactuca sativa var. capitata

Der Eissalat gehört zu den Kopfsalaten und bildet sehr dichte Köpfe. Er braucht zwar etwas länger in der Kultur, da er aber größer und schwerer wird als Kopfsalat, bringt eine einzelne Pflanze auch mehr Ertrag. Sein Name kommt übrigens daher, dass er gekühlt lange haltbar ist. Seiner knackigen Blättern wegen wird er vielerorts auch als Krachsalat bezeichnet.

Wie sieht das aus?
Der Eissalat bildet mit seinen Blättern ein dichtes Herz und feste, knackige Köpfe, die im Sommer nicht schießen.

Was mögen sie?
Er wächst besonders gut an sonnigen Standorten und mag humosen, lockeren Boden mit mittlerem Nährstoffgehalt. Im Gegensatz zu anderen Salaten verträgt er auch kurzzeitige Trockenheit und kühlere Witterung.

Was ist zu tun?
Die geschützte Aussaat (Fensterbank, Folie, unter Glas) ist ab März möglich, die Pflanzung ab April. Halten Sie dabei möglichst einen Abstand von 35 x 35 Zentimetern ein. Die Direktsaat in Beet oder Topf gelingt ab April. Eine kontinuierliche Salatversorgung erreichen Sie durch Folgesaaten im Abstand von 2 bis 3 Wochen. Anbau in Gefäßen: Der Eissalat kann auch gut in Töpfen und Balkonkästen kultiviert werden.

Worauf muss ich achten?
Achten Sie beim Auspflanzen darauf, dass der Wurzelhals frei liegt, sonst tritt Fäulnis auf. Eissalat mag eine ausreichende Bodenfeuchte. am besten bedecken Sie den Boden mit einer Mulchschicht.

Wann kann ich ernten?
Etwa 11 bis 12 Wochen nach der Aussaat kann geerntet werden; dazu den ganzen Kopf abschneden. Die Blätter bleiben gekühlt lange frisch und knackig. Vor der Ernte können Sie bei Bedarf auch schon einzelne äußere Blätter pflücken, ohne dass es der Pflanze schadet.

Welche Sorten gibt es?
'Fortunas' (süßlich, läuseresistent), 'Barcelona' (mild, läuseresistent), 'Great Lakes' (Sommersorte). 'Minas' (kleinere Köpfe), 'Resi' (große Köpfe), 'Pablo' (rotblättrig)

Wie kann ich meine Pflanzen schützen?
Ein Schutz vor Schnecken, zum Beispiel ein Schneckenzaun, ist ratsam. Wählen Sie zudem Sorten, die gegen Mehltau und Blattläuse resistent sind.

Feldsalat

Vallerianella locusta

 August bis September  **ab September**   **Sonne, Halbschatten**

Der heimische Feldsalat hat viele Namen: Je nach Region heißt er auch Rapunzel, Nüssler oder Ackersalat. Da er winterhart ist und von Herbst bis Frühjahr geerntet werden kann, bietet er gerade zur unwirtlichen Jahreszeit viel Vitamine und Mineralstoffe. Um die Frischversorgung im Winter abzurunden, sollten Sie auf diesen anspruchslosen Salat nicht verzichten.

■ Wie sieht das aus?
Der Feldsalat bildet flache kleine Blattrosetten mit dunkelgrünen, runden bis löffelförmigen Blättchen.

■ Was mögen sie?
Der anspruchslose Feldsalat wächst sowohl in der Sonne als auch im Halbschatten. Er bevorzugt einen durchlässigen, leicht sandigen, kalkhaltigen Boden.

■ Was ist zu tun?
Die Aussaatzeit beginnt – für eine Ernte im Herbst – Anfang August und geht bis Mitte September (für eine Ernte im Winter und Frühjahr). Langsam schossende Sorten können sogar rund ums Jahr angebaut werden. Die Aussaat erfolgt entweder in Reihen mit einem Abstand von 10 bis 15 Zentimetern oder breitwürfig. Die optimale Pflanztiefe liegt bei 1 bis 1,5 Zentimetern. Die Aussaat während der Keimdauer gut feucht halten. Feldsalat eignet sich gut als Nachsaat auf abgeräumten Beeten. Anbau in Gefäßen: Feldsalat kann in Gefäßen angebaut werden, für eine ausreichende Ernte benötigen Sie aber relativ viele davon.

■ Worauf muss ich achten?
Wichtig sind regelmäßiges Wässern und Jäten. Zwar ist Feldsalat winterhart, aber ein Schutz mit Folie oder Vlies ist trotzdem empfehlenswert – was auch die Ernte erleichtert, zum Beispiel bei Schnee. Die Blätter nicht in gefrorenem Zustand ernten.

■ Wann kann ich ernten?
Die Blattrosetten werden möglichst ohne Wurzeln direkt über dem Boden abgeschnitten, sobald die Pflanzen eine ausreichende Größe erreicht haben. Das ist etwa 4 Wochen nach Aussaat der Fall. Bis zum Frühjahr kann mehrfach geerntet werden.

■ Welche Sorten gibt es?
'Vit' (mehltauresistent, raschwüchsig), 'Elan' (tolerant, raschwüchsig), 'Holländischer Breitblättriger' (breite Blätter), 'Gala' (robust, tolerant, ganzjähriger Anbau), 'Palace' (Sommerernte, breite Blätter)

■ Wie kann ich meine Pflanzen schützen?
Wählen Sie Sorten, die tolerant oder resistent gegen Mehltau sind.

Feldsalat
„Schwarzwälder Art"

Zutaten
für 4 Personen

200 g Feldsalat
1 Birne
1 Apfel
50 g Pinienkerne
1 EL Butter
100 g Schwarzwälder Schinken,
z.B. von Original Wein's
4 EL Balsamico-Essig
4 EL Rotwein
1 TL mittelscharfer Senf
1 EL Honig
Salz, frisch gemahlener Pfeffer
2 EL gehackte Petersilie

Zubereitung

1. Feldsalat waschen, putzen und auf vier Tellern anrichten.
2. Birne und Apfel waschen, vierteln, entkernen, in dünne Spalten schneiden, mit den Pinienkernen in etwas heißer Butter andünsten und mit dem Feldsalat mischen.
3. Schinken in Streifen schneiden und in dem verbliebenen Bratfett kurz anbraten. Ebenfalls mit dem Salat mischen.
4. Balsamico-Essig mit dem Wein in derselben Pfanne kurz einkochen, Senf und Honig dazugeben und mit Salz sowie Pfeffer abschmecken.
5. Dressing auf dem Salat verteilen und mit der Petersilie bestreut servieren.

> **Tipp**
> Dazu schmeckt frisches
> Laugengebäck.

Kopfsalat

Lactuca sativa var. capitata

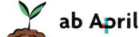 **ab April**

 Mai bis Oktober

 Sonne, Halbschatten

Dieser Klassiker unter den Salaten sollte in keinem Garten fehlen. Er gehört zu den Blattgemüsen, die unkompliziert im Anbau sind. Zudem schmecken die zarten, weichen Blätter einfach köstlich – vor allem frisch geerntet. Am besten verzehrt man ihn sofort, denn die Blätter welken schnell und er ist gekühlt nur wenige Tage haltbar.

Wie sieht das aus?
Die Blattrosette des Kopfsalates bildet – wie der Name schon sagt – mehr oder weniger geschlossene Köpfe. Es gibt grüne, aber auch gelbe, rote, braune oder gescheckte Sorten.

Was mögen sie?
Kopfsalat wächst an sonnigen bis halbschattigen Standorten (nicht zu warm, sonst „schießt" er) und bevorzugt humosen, lockeren, kalkhaltigen Boden.

Was ist zu tun?
Je nach Sorte – man unterscheidet Frühjahrs-, Sommer- und Herbstsorten – können Sie

Kopfsalat ab März geschützt vorziehen oder ins Frühbeet säen. Ab April bis Ende Juli ist die Aussaat auch direkt in Beet oder Topf möglich. Eine kontinuierliche Salatversorgung erreichen Sie durch Folgesaaten im Abstand von 2 bis 3 Wochen. Jungpflanzen werden von April bis Mitte September ausgepflanzt (bis Mai unter Folie), wobei Sie einen Pflanzabstand von 30 x 30 Zentimetern einhalten sollten. Im Gewächshaus kann Kopfsalat das ganze Jahr angebaut werden. Anbau in Gefäßen: Kopfsalat gedeiht auch in Töpfen und Balkonkästen prächtig.

Worauf muss ich achten?
Setzen Sie die Pflanzen auf keinen Fall zu tief, sonst faulen sie leicht. Für Kopfsalat ist bei Hitze eine gleichmäßige Feuchtigkeit sehr wichtig, damit er nicht „schießt". Den Boden am besten mit einer Mulchschicht abdecken.

Wann kann ich ernten?
Wenn die Köpfe dicht sind und sich die Innenblätter überdecken, können sie geerntet werden (8 bis 10 Wochen nach der Aussaat beziehungsweise 4 bis 6 Wochen nach Pflanzung). Schneiden Sie die Köpfe dazu kurz über dem Boden ab.

Welche Sorten gibt es?
Für die ganze Freilandsaison: 'Adrienne' (braunrot), 'Ovation' (schossfest); Frühjahrs- und Herbstsaat: 'Dynamite' (sehr robust und resistent), 'Sander' (große Köpfe, resistent); Sommersaat: 'Fiorella' (große Köpfe, resistent), 'Kagraner Sommer' (dicke Blätter, schossfest)

Wie kann ich meine Pflanzen schützen?
Wählen Sie Sorten, die resistent gegen Salatblattläuse und tolerant gegen Viruserkrankungen sind. Darüber hinaus empfiehlt sich ein Schutz gegen Schnecken, zum Beispiel ein Schneckenzaun.

ab Februar/März   **ab April/Mai**   **Sonne, Halbschatten**

Wie sieht das aus?

Pflück- und Schnittsalate bilden lockere Blattrosetten aus. Es gibt sie in vielen verschiedenen Formen und Farben von Grün über Rot bis Braunrot. Dazu gehören unter anderen der Eichblattsalat (gebuchtete Blätter wie Eichenlaub, nussiger Geschmack), der Kraussalat (Kreuzung von Eichblattsalat mit anderen Salaten) und der Bataviasalat (leicht bitter, auch Petticoatsalat genannt).

Was mögen sie?

Für den Anbau benötigen sie einen sonnigen (bis halbschattigen) Platz sowie einen lockeren, humosen, nicht zu trockenen Boden. Pflücksalate haben einen geringen Nährstoffbedarf.

Was ist zu tun?

Die Aussaat erfolgt ab Februar oder März geschützt (Fensterbank, unter Glas) oder ab Ende März ins Freiland. Der empfohlene Reihenabstand beträgt bei Pflücksalaten 25 bis 30 Zentimeter, bei Schnittsalaten 10 bis 15 Zentimeter. Nach dem Auflaufen pikieren Sie auf 15 bis 20 Zentimeter in der Reihe. Alternativ können Sie auch von April bis Anfang August fertige Setzlinge kaufen und diese auspflanzen. Im beheizten Gewächshaus ist der Anbau ganzjährig möglich. Anbau in Gefäßen: Die Pflück- und Schnittsalate eignen sich sehr gut für die Topfkultur.

Worauf muss ich achten?

Gleichmäßige Feuchte bei Hitze ist wichtig, damit der Salat nicht zu schossen beginnt.

Schnell, ertragreich und anspruchslos – drei unschlagbare Argumente für die Pflück- und Schnittsalate. Im Gegensatz zu den Kopfsalaten erntet man hier nicht die ganze Pflanze. Das ist zwar auch möglich, aber wenn Sie immer nur einzelne Blätter pflücken oder abschneiden, wachsen kontinuierlich neue Blätter nach. So können Sie sich an einer langen Ernte erfreuen. Da sie auch in Gefäßen prächtig gedeihen, sind Pflücksalate die idealen Pflanzen für Küchengarten-Neulinge.

Pflücksalat

Lactuca sativa var. *crispa*

 Februar/März   ab April/Mai   Sonne, Halbschatten

■ Wann kann ich ernten?

Nach 6 bis 7 Wochen können Sie zum ersten Mal ernten. Beim Pflücksalat am besten die äußeren Blätter ernten und die inneren weiterwachsen lassen. Der Schnittsalat wird im Unterschied zu Pflücksalat nach 4 bis 6 Wochen ganz abgeschnitten, jedoch nicht zu tief, dann treiben die Pflanzen wieder aus.

■ Welche Sorten gibt es?

Pflücksalat: 'Amerikanischer Brauner' (braungrün), 'Australischer Gelber' (grün), 'Grand Rapids' (krause zarte Blätter); Schnittsalat: 'Krauser Gelber' (gelbgrün); Eichblattsalat: 'Bentley' (rotbraun, blattlaus-, mehltauresistent), 'Flamenco' (rotgrün), 'Salad Bowl' und 'Red Salad Bowl' (grün beziehungsweise rot); Bataviasalat: 'Lollo Rossa' (krausblättrig, rot), 'Lollo Bionda' (krausblättrig, gelbgrün), 'Teide' (rot); Kraussalat: 'Sirmai' (rot, resistent); Mischungen: Schnittsalat 'Baby Leaf' (mit verschiedenen Farben), Italienische Salatwiese 'Misticanza' (buntblättrig), 'Fitnessmix' (farbenfroh)

■ Wie kann ich meine Pflanzen schützen?

Am besten resistente Sorten (gegen Blattläuse und Mehltau) verwenden und gegen Schnecken schützen, zum Beispiel mithilfe eines Schneckenzauns.

Rauke

Eruca sativa var. crispa

 **April bis September**　　 **ab April/Mai**　　 **Sonne**

Obwohl schon in früher Zeit als Nutzpflanze verwendet, führte die Rauke lange eher ein Schattendasein in deutschen Küchengärten. Doch in den letzten Jahren ist sie dank der Beliebtheit der mediterranen Küche wieder ganz nach oben geklettert und als Rucola – wie sie auch genannt wird – in aller Munde. Ihr intensives nussiges Aroma, das sie ihrem hohen Gehalt an Senfölen verdankt, verleiht Salaten, aber auch Nudelgerichten, Suppen und Ragouts eine scharf-würzige Note. Auf Pizzen wird Rucola ebenfalls als Belag verwendet. Oder wie wäre es mit einem Rucola-Pesto?

■ Wie sieht das aus?
Die Rauke bildet kleine Blattrosetten mit weichen, gelappten Blättern. Im Sommer erscheinen kleine weiße Blüten.

■ Was mögen sie?
Die Rauke ist anspruchslos (geringer Nährstoffbedarf), wächst schnell und mag sonnige Standorte mit frischem, lockerem Boden.

■ Was ist zu tun?
Die Direktsaat in Beet oder Topf erfolgt ab April bis September. Die Samen werden dabei breitwürfig ausgebracht oder in Reihen mit einem Abstand von 15 bis 20 Zentimetern ausgesät. Für ständigen Nachschub sollten Sie alle 2 bis 3 Wochen Folgesaaten ausbringen. Im Gewächshaus ist der ganzjährige Anbau möglich. Anbau in Gefäßen: Die Rauke wächst problemlos in Balkonkästen und Töpfen.

■ Worauf muss ich achten?
Der Boden sollte gleichmäßig feucht gehalten werden. Je mehr Blüten entstehen, umso bitterer werden die Blätter.

■ Wann kann ich ernten?
Wenn die Blätter zirka 10 Zentimeter hoch sind, können Sie ernten, also 3 bis 5 Wochen nach der Aussaat. Je nach Bedarf schneiden Sie dazu einzelne Blätter ab und verwenden diese frisch. Achten Sie darauf, die Blattschöpfe dabei nicht zu tief herunterzuschneiden, denn dann können Sie mit 2 bis 3 Folgeernten rechnen.

■ Welche Sorten gibt es?
Salatrauke 'Ruca', 'Runway'; auch Saatbänder und Saatscheiben sind erhältlich. Die Wilde Rauke (Diplotaxis tenuifolia) ist mehrjährig, hat gelbe Blüten und stärker gebuchtete Blätter. Sie verzweigt sich stärker und schmeckt kräftiger als die Echte Rauke.

Keimlinge und Sprossen

Linsensprossen schmecken nussig-frisch.

Knackig frisch und voller gesunder Vitamine, Proteine, Mineralstoffe, Spurenelemente und Enzyme – Keimlinge und Sprossen sind wahre Powerpakete.

Im Herbst und Winter ist die Auswahl an frischen Kräutern, Obst und Gemüse eingeschränkt. Deshalb sind Keimlinge und Sprossen vor allem in dieser Jahreszeit eine ideale Ergänzung des Speiseplans. Möglich – und auch zu empfehlen – ist der Anbau aber natürlich das ganze Jahr. Je nach Art schmecken sie von süßlich oder mild über nussig bis zu scharfwürzig. Probieren Sie einfach so lange, bis Sie Ihre Favoriten gefunden haben.

Der Anwendung in der Küche sind kaum Grenzen gesetzt. Keimlinge und Sprossen passen zu Nudel-, Reis-, Gemüse-, Fisch- und Fleischgerichten, schmecken aber auch in Salaten, Suppen und auf Brot. Zudem können sie für Aufläufe, Pfannkuchen, Omeletts, Bratlinge oder Dips verwendet werden – entweder roh oder

angedünstet in Olivenöl. Keimlinge und Sprossen sollten Sie vor dem Verzehr kurz waschen oder abspülen (wie Salat) und am besten frisch verzehren. Im Kühlschrank in einem entsprechenden Gefäß aufbewahrt, sind sie einige wenige Tage haltbar.

So funktioniert es

Beim Sprossenanbau werden Samen unter optimalen Bedingungen zum Keimen gebracht. Dabei entwickeln sich kleine Jungpflanzen, die bereits nach wenigen Tagen geerntet werden können. Durch den Keimvorgang entstehen zusätzliche Vitamine und in den Sprossen steckt viel Kraft in Form von Eiweißen, Nährstoffen und Vitaminen. Für den Sprossenanbau eignen sich Pflanzenarten, die schnell keimen und gut verträglich sind. Dazu gehören beispielsweise Pflanzen aus den Familien der Hülsenfrüchte, Kreuzblütler, Korbblütler oder Getreide (siehe Liste). Samen von Nachtschattengewächsen (zum Beispiel Tomaten) sind giftig und dürfen nicht verwendet werden!

Sojasprossen sind Bestandteil vieler asiatischer Gerichte.

Um das Ganze erst einmal auszuprobieren und kennenzulernen, starten Sie am besten mit einem **Sieb** oder einem **Schälchen**, das Sie mit einem Küchentuch o.Ä. abdecken. Professionell und am einfachsten gelingt die Anzucht in einem speziellen **Keimgerät** aus Kunststoff, das meist aus mehren stapelbaren Schalen und einem Deckel besteht. So können auf kleinem Raum parallel verschiedene Arten gezogen werden. Füllen Sie die Schalen um 2 bis 3 Tage versetzt (je nach Sprossenart), dann haben Sie keine Versorgungslücke und können täglich genießen. Keimgeräte bieten ein ideales

Feuchtigkeitsklima für den Keimprozess. Zudem sind die Sprossen vor negativen Einflüssen wie Staub oder Insekten geschützt.

Für den Sprossenanbau gibt es auch spezielle **Sprossengläser**, die mit einem Siebdeckel abschließen. So etwas können Sie auch selbst aus einem alten Gurkenglas basteln, indem Sie den Deckel durchlöchern oder das Glas mit Gazestoff, Fliegengitter oder einem Stück Mull verschließen. Wichtig ist dabei, dass Sie den Stoff vor und nach dem Gebrauch immer gründlich reinigen.

Mit einem Sprossen-Topping werden gesunde Salate noch einmal aufgewertet.

Sprossensorten	Keimdauer
Alfalfa	6–8 Tage
Bockshornklee	5–7 Tage
Broccoli	3–5 Tage
Dinkel	2–3 Tage
Kichererbsen	3–4 Tage
Kresse	3–5 Tage
Leinsamen	3–4 Tage
Linsen	6–8 Tage
Mungobohnen	4–5 Tage
Radieschen	3–5 Tage
Rettich	4–6 Tage
Roggen	2–4 Tage
Rucola	3–6 Tage
Rotklee	3–5 Tage
Sesam	2–5 Tage
Sonnenblumenkerne	2–4 Tage
Weizen	3–5 Tage

Wurzeln, Knollen und Blattstiele – aromatische Vielseitigkeitskünstler

Die folgenden Gemüse bringen leckere, knackige Knollen und Wurzeln hervor — rund oder länglich und in vielen Farben. Darunter gibt es „Sprintergemüse" wie die Radieschen, die innerhalb von wenigen Wochen erntereif sind, während andere, wie die Karotte, etwas länger brauchen. Dafür sind diese lagerfähig und über einen längeren Zeitraum haltbar. So haben Sie bis in den Herbst hinein etwas von der Ernte. Die Wurzelgemüse brauchen wenig Platz und können somit auch auf kleiner Fläche angebaut werden. Kohlgemüse hat inzwischen wieder einen festen Platz in der deutschen Küche eingenommen, denn es ist für die Vitaminversorgung in Herbst und Winter unverzichtbar. Grünkohl schmeckt

übrigens nach der ersten Frosteinwirkung besser und kann mit Vlies geschützt den Winter draußen verbringen. Für die großen Rot- und Weißkohlpflanzen hat vielleicht nicht jeder Platz in seinem Garten, aber Kohlrabi und Grünkohl gedeihen auch in Töpfen gut und garantieren ebenfalls eine sichere Ernte. Eine Ausnahme in diesem Kapitel bildet der Rhabarber: Er wird — im Gegensatz zu den meisten anderen Gemüsen — mehrjährig kultiviert und erst ab dem zweiten Jahr beerntet. Der Mangold zählt zu den Blatt- beziehungsweise Blattstielgemüsen.

Blumenkohl

Brassica oleracea var. botrytis

 **ab Januar/Februar**

 ab Juni

 Sonne

Dieses Kohlgemüse ist zweifellos eines von der anspruchsvolleren Sorte, überzeugt aber auch durch seinen feinen Geschmack. Da man für eine eigene Aussaat viel Geduld braucht, empfiehlt es sich – vor allem für den frühen Anbau –, vorgezogene Setzlinge beim Gärtner zu kaufen. Wem der Blumenkohl zu divenhaft ist, der baut seinen etwas pflegeleichteren Verwandten, den Brokkoli mit grüner oder violetter Blume, an.

Wie sieht das aus?
Aus einem kurzen Strunk wachsen große, leicht gewellte Blätter, die den rosettenförmigen, gelbweißen Blütenstand umgeben. Es sind aber auch grüne, violette und sogar orangefarbene Varianten erhältlich.

Was mögen sie?
Von allen Kohlgewächsen ist der Blumenkohl am heikelsten: Er mag sonnige Lagen, wobei es jedoch nicht zu heiß sein darf, sonst bildet er kaum Köpfe oder schießt. Grundlage ist ein gleichmäßig feuchter, tiefgründiger, nährstoff- und humusreicher und vor allem kalkhaltiger Boden.

Was ist zu tun?
Frühe Sorten, die ab Juni geerntet werden können, sollten Sie im Januar, spätestens Februar geschützt vorziehen. Die Setzlinge werden dann ab Mitte April – wenn kein Nachtfrost mehr droht – mit einem Abstand von 50 x 50 Zentimetern ins Beet gepflanzt. Sommer- und Herbstsorten können Sie ab Mitte Mai beziehungsweise bis Ende Juni direkt im Freiland aussäen. Sie brauchen nur halb so viel Zeit wie die frühen Sorten. Achtung: Die Setzlinge immer bis zum Ansatz der Herzblätter pflanzen!

Worauf muss ich achten?
Blumenkohl muss man hegen. Dazu gehört regelmäßiges Gießen, Hacken und Düngen, denn er zählt zu den Starkzehrern. Bei einigen Sorten knickt man die großen Blätter früh über der Blume ein, um diese bleich zu halten.

Wann kann ich ernten?
Etwa 3 Monate nach dem Pflanzen, wenn die Blume geschlossen und fest ist, schneidet man sie komplett mit den Blättern ab.

Welche Sorten gibt es?
Frühlingsanbau: 'Odysseus', 'Opaal'; Sommeranbau; 'Celesta', 'Neckarperle'; Herbstanbau: 'Violetta di Sicilia' (violette Blume), 'Cheddar' (orangefarbene Blume)

Wie kann ich meine Pflanzen schützen?
Das Auflegen von Kulturschutznetzen direkt nach dem Pflanzen hilft gegen die Eiablage der Kohlfliege.

Grünkohl

Brassica oleracea var. sabellica

 **ab Mitte Mai**   **ab September**   **Sonne, Halbschatten**

Kaum ein anderes Gemüse polarisiert so stark wie der Grünkohl – entweder man liebt ihn oder man hasst ihn. Grünkohl-Hasser können sich aber immerhin noch an seinem dekorativen Äußeren erfreuen. Es wäre jedoch schade, wenn Sie sich darauf beschränken würden, denn das wertvolle Wintergemüse wartet mit einem hohen Vitamin C-Gehalt, viel Karotin und zahlreichen Mineralstoffen auf. Die grünen Sorten gelten als schmackhafter.

■ Wie sieht das aus?
Mehr oder weniger stark gekrauste Blätter wachsen locker um den bis zu 120 Zentimeter hohen Strunk. Es gibt hell- und dunkelgrüne sowie violette Sorten.

■ Was mögen sie?
Obwohl er als die anspruchsloseste Kohlart gilt, wünscht er sich – wie die meisten seiner nahen Verwandten – einen nährstoffreichen und kalkhaltigen Boden in Sonne oder Halbschatten. Allerdings wächst er auch an weniger perfekten Standorten.

■ Was ist zu tun?
Am besten säen Sie den Grünkohl ab Mitte Mai in 2 Zentimeter tiefen Rillen direkt ins Freie aus. Sobald die jungen Pflänzchen das zweite Blattpaar gebildet haben, werden sie an ihren endgültigen Platz gepflanzt, wobei Sie einen Abstand von 50 x 50 Zentimetern einhalten sollten. Anbau in Gefäßen: Grünkohl kann auch in Töpfen kultiviert werden.

■ Worauf muss ich achten?
Lockern Sie den Boden regelmäßig und gießen Sie bei Trockenheit. Im Herbst ist es sinnvoll, die Stängel etwas anzuhäufeln. Düngen Sie vor der Hauptwachstumsphase, aber nicht mit zu viel Stickstoff, da die Pflanze dadurch „verweichlicht" und ihre Winterhärte nachlässt.

■ Wann kann ich ernten?
4 bis 5 Monate nach dem Pflanzen ist der Grünkohl erntereif. Ihr volles Aroma entfalten die Blätter jedoch angeblich erst nach dem ersten Frost (mit Ausnahme des Palmkohls). Generell pflückt man das Laub nach und nach – von unten nach oben. In milden Gegenden kann so nahezu den ganzen Winter über geerntet werden. Ist es bei Ihnen eher kalt, ziehen Sie spätestens im Dezember die ganze Pflanze aus dem Boden und frieren die Blätter ein.

■ Welche Sorten gibt es?
'Redbor' (violettrotes Laub, sehr dekorativ), 'Nero di Toscana' (Palmkohl, zungenförmige Blätter, sehr dekorativ), 'Halbhoher Grüner Krauser', 'Lerchenzungen' (beide grün und kraus), 'Frosty' und 'Fribor' (beide mit niedrigem, rosettenartigem Wuchs)

■ Wie kann ich meine Pflanzen schützen?
Bei eisigen Nächten und sonnigen Tagen sollten Sie den Kohl mit Reisig abdecken, um die Verdunstung zu senken und zu verhindern, dass die Blätter zäh werden.

Grünkohl
mit Zwiebel-Kassler-Taschen

Zutaten
für 4 Personen

1,5 kg Grünkohl
2 Zwiebeln
2 kleine Kochwürste (à ca. 100 g)
50 g Schmalz
1 Würfel Fleischbrühe, z. B. von Knorr
1 EL Keimöl, z. B. von Mazola
Salz, Pfeffer
1–2 TL Senf
etwas Thymian
2 Scheiben Kasslernacken ohne
Knochen (à ca. 150 g)
1 kleiner Apfel
evtl. Zucker
Holzspieße

Zubereitung

1. Grünkohl waschen, putzen und die Blätter grob hacken. Zwiebel schälen und eine Zwiebel in Würfel, die andere in feine Streifen schneiden. Kochwürste in Scheiben schneiden.
2. Schmalz in einem großen Topf erhitzen. Zwiebelwürfel darin glasig dünsten. Grünkohl und 500 ml Wasser dazugeben und aufkochen. Brühwürfel und Kochwürste hinzufügen. Zugedeckt bei schwacher Hitze 40–50 Minuten garen.
3. Inzwischen Zwiebelstreifen in einem Teelöffel Keimöl andünsten, mit Salz und Pfeffer würzen und mit Senf sowie Thymian mischen. Kassler so einschneiden, dass eine Tasche entsteht. Zwiebelstreifen hineinfüllen und die Öffnung mit Holzspießen zustecken.
4. Apfel waschen, Kerngehäuse entfernen und das Fruchtfleisch in Scheiben schneiden. Kassler und Apfelscheiben im restlichen Öl 2 Minuten braten und warm stellen.
5. Grünkohl mit Salz, Pfeffer und nach Geschmack mit Zucker würzen. Mit Kassler und Apfelscheiben servieren.

Karotte *Daucus carota*

 **ab März**  **Juni bis Oktober**   **Sonne, Halbschatten**

Möhre oder Karotte, das ist hier die Frage! Aber egal, wie man die Wurzel letztlich auch nennt, sie zählt auf jeden Fall zu den beliebtesten Gemüsen. Karotten sind bekannt für ihren hohen Gehalt an Karotin, einem Naturfarbstoff, dem man zellschützende Eigenschaften zuschreibt. Damit unser Körper diesen jedoch nutzen kann, muss man Karottengerichte immer mit etwas Fett, zum Beispiel Öl, zubereiten. Neuere Züchtungen haben einen durchgefärbten, weicheren „Kern".

◼ Wie sieht das aus?
Oberirdisch wachsen die fein gefiederten, duftenden Blätter, unterirdisch die meist orangefarbenen schmackhaften Rüben. Sie sind – je nach Typ – rundlich oder lang, dick oder dünn. Es gibt auch weiße und dunkelrote Sorten.

◼ Was mögen sie?
Karotten bevorzugen einen sonnigen bis halbschattigen Standort mit einem tief gelockerten, eher sandigen und kalkhaltigen Boden. Völlig ungeeignet sind schwere Böden.

◼ Was ist zu tun?
Frühe Sorten können Sie ab März ins Frühbeet säen oder mit Vlies abdecken. Halten Sie dabei einen Reihenabstand von 25 bis 30 Zentimetern ein. Die Sämlinge vereinzeln Sie innerhalb der Reihe dann auf 5 Zentimeter. Sommermöhren bringen Sie am besten von Ende April bis Ende Juni aus, Herbst- und Wintersorten von August bis Oktober. Letztere werden dann erst im Folgejahr geerntet. Karotten haben eine lange Keimdauer, deshalb empfiehlt es sich, daneben einige schnelle Radieschen als Markierung auszusäen. So vermeiden Sie, dass die Samen der Hacke zum Opfer fallen.

◼ Worauf muss ich achten?
Vor dem Säen sollte das Beet gründlich von Unkraut befreit werden, da es später schwierig wird, zu jäten. Gießen Sie die Pflanzen regelmäßig, vor allem in den Wochen vor der Ernte. Denn bei zu starken Feuchtigkeitsschwankungen platzen die Rüben auf. Wachsen die Wurzeln zu weit aus dem Boden, sollten Sie sie anhäufeln, damit sie sich nicht grün färben.

◼ Wann kann ich ernten?
Je nach Aussaat können Sie von Juni bis Oktober ernten. Je jünger und kleiner die Möhren sind, desto intensiver und süßer schmecken sie. Späte Sorten lagern Sie in feuchten Sand eingeschlagen an einem kühlen Ort. Bei Wintermöhren, die im Beet bleiben, sollten Sie das Laub zum Teil mit Stroh abdecken.

◼ Welche Sorten gibt es?
Frühe Sorten: 'Suko' (schlanke Rüben), 'Pariser Markt' (rund); mittelfrühe Sorten: 'Nantaise' (walzenförmig), 'Nutri Red' (dunkelrot); späte Sorte: 'Rothild' (große Rüben)

◼ Wie kann ich meine Pflanzen schützen?
Gegen die Möhrenfliege hilft das Ausbringen von Insektenschutznetzen.

Knollensellerie

Apium graveolens var. rapaceumbotrytis

 **ab Mitte März**   **ab Oktober**   **Sonne**

Das einzige Gewächs der Sellerie-Sippe, das Knollen ausbildet, ist ein wertvolles Wintergemüse, dessen Blätter man bereits während der Kulturzeit verwenden kann. Alle Pflanzenteile enthalten wertvolle Vitamine und Mineralstoffe. Knollen und Blätter sind ein Grundbestandteil für Suppen, passen aber auch gut in Gemüseaufläufe und zu Bratkartoffeln.

■ Wie sieht das aus?
Am richtigen Standort werden die gelbbraunen Wurzelknollen, die halb aus der Erde ragen, bis zu 20 Zentimeter dick. An der Oberseite wachsen die kräftigen Blattstiele mit dem würzigen Laub.

■ Was mögen sie?
Sellerie liebt es sonnig, am besten auf einem frischen, durchlässigen, nährstoffreichen Boden. Er braucht vor allem viel Kalium.

■ Was ist zu tun?
Die tolle Knolle kennzeichnet eine ziemlich lange Kulturzeit. Sie können die Samen – Mitte März – selbst auf der Fensterbank oder im Frühbeet aussäen oder sich beim Gärtner vorgezogene Jungpflanzen besorgen. Für welche Variante Sie sich auch entscheiden: Ausgepflanzt werden die Setzlinge erst nach den Eisheiligen, also Mitte Mai. Denn Kälte fördert die Blüten-, hemmt aber die Knollenbildung. Halten Sie beim Pflanzen einen Abstand von 30 x 40 Zentimetern ein.

■ Worauf muss ich achten?
Setzen Sie die Pflanzen nicht zu tief, damit sich stattliche Knollen entwickeln. Lockern Sie den Boden regelmäßig oder, noch besser, bedecken Sie ihn mit einer dünnen, nährstoffreichen Mulchschicht.

■ Wann kann ich ernten?
Die Knollen sind erntereif, sobald die äußeren Blätter vergilben, etwa ab Oktober. Heben Sie die Knolle mit der Grabegabel aus dem Boden und schneiden Sie Blätter und Wurzeln ab. Sellerie lagern Sie am besten in feuchten Sand eingeschlagen an einem kühlen Ort (die Knollen nicht waschen).

■ Welche Sorten gibt es?
'Prinz' (schossfest, sichere Ernte, auch bei schlechtem Wetter), 'Mars', 'Monarch' (beide widerstands- und lagerfähig)

■ Wie kann ich meine Pflanzen schützen?
Geben Sie einmalig einen borhaltigen Volldünger, um hohle Knollen zu vermeiden.

Kohlrabi

Brassica oleracea var. gongylodes

 ab Februar/April   Mai bis Oktober   ☀ Sonne, Halbschatten

Lieber zu früh als zu spät ernten, lautet eine Grundregel beim Kohlrabi. Denn jung und knackig schmecken die Knollen – ob roh oder gekocht – am besten. Und eine gute Ernte ist bei dieser an Vitaminen und Mineralstoffen reichen Kohlart selbst bei Gemüseeinsteigern nahezu garantiert. Die weißen Sorten sind übrigens nicht wirklich weiß, sondern grün.

■ Wie sieht das aus?

Durch den verdickten Wuchs des Strunks entsteht beim Kohlrabi eine oberirdische, runde bis ovale Knolle in Blau oder Weiß. Aus dieser Knolle entspringen die zur Mitte hin immer dichter wachsenden Blätter.

■ Was mögen sie?

Am besten pflanzen Sie Kohlrabi an einen sonnigen bis halbschattigen Platz und in einen humusreichen, gleichmäßig feuchten Boden, der sich im Frühjahr rasch erwärmen sollte.

■ Was ist zu tun?

Es gibt frühe, Sommer- und Herbstsorten. Bei den frühen Sorten lohnt es sich, die Samen von Februar bis April im Haus vorzuziehen. Danach können Sie direkt ins Beet säen und die Sämlinge später vereinzeln. Der endgültige Abstand sollte 25 x 25 Zentimeter betragen. Folgesaaten sind bis Ende Juni möglich. Setzen Sie die Pflanzen nur flach ein, damit die Knolle später nicht direkt auf dem Boden aufliegt. Außerdem wachsen diese, zu tief gepflanzt, nur stockend und bilden lediglich kleine, noch dazu holzige Knollen. Anbau in Gefäßen: Kohlrabi können auch problemlos in Töpfen kultiviert werden.

■ Worauf muss ich achten?

Achten Sie vor allem auf eine gleichmäßige Bodenfeuchtigkeit, damit die Knollen zart bleiben. Unregelmäßige Wassergaben lassen sie aufplatzen.

■ Wann kann ich ernten?

Aufgrund der kurzen Kulturzeit kann schon nach 2, höchstens 3 Monaten geerntet werden. Nehmen Sie die Pflanzen komplett aus dem Boden und schneiden Sie Wurzeln und Blätter ab. Die jungen, gehaltvollen Blättchen in der Mitte der Knolle können als Beigabe zu Salaten oder gedünstet verzehrt werden.

■ Welche Sorten gibt es?

'Superschmelz' (bewährte Sorte mit großen, aber zarten weißen Knollen), 'Blaro' (blaue Sommersorte), 'Azur-Star' (frühe Sorte, dunkelblau), 'Lanro' (weißer Herbstkohlrabi)

■ Wie kann ich meine Pflanzen schützen?

Bringen Sie im Juli/August Kulturschutznetze aus, um den Kohlweißling abzuhalten.

Gefüllte Kohlrabi
mit buntem Gemüseragout

Zutaten
für 4–6 Personen

4–6 kleine Kohlrabi
1 Schalotte
3 Champignons
1 Möhre
je ½ rote und ½ gelbe Paprikaschote
4 Thymianzweige
1 EL Butterschmalz, z. B. von Butaris
1 Msp. abgeriebene Schale
von 1 unbehandelten Zitrone
2 EL Weißwein
125 ml süße Sahne
Salz
Pfeffer, frisch gemahlen

Zubereitung

1. Von den Kohlrabi oben jeweils einen Deckel mit ein bis zwei kleinen grünen Blättern abschneiden, den Rest der Knollen schälen und mithilfe eines Teelöffels vorsichtig aushöhlen.
2. Ausgehöhlte Kohlrabiknollen in einem Topf im Dämpfeinsatz über kochendem Wasser zugedeckt etwa fünf Minuten weich garen.
3. Das ausgekratzte Innere der Kohlrabi fein hacken, die Schalotte schälen und würfeln. Die Champignons putzen, trocken abreiben und in Scheiben schneiden, Möhre und Paprikaschoten halbieren, putzen, waschen und würfeln. Thymian waschen, trockenschütteln und die Blättchen abstreifen. Das Butterschmalz in einer Pfanne erhitzen. Die Schalottenwürfel mit den Thymianblättchen und der Zitronenschale darin anbraten, dann die Champignonscheiben, die Möhren- und Kohlrabiwürfelchen sowie die Paprikawürfel dazugeben und anschmoren.
4. Mit Wein ablöschen, dann die Sahne dazugießen und das Ganze einige Minuten sanft köcheln lassen. Mit Salz und Pfeffer abschmecken.
5. Füllung in die Kohlrabiknollen geben, den rohen Deckel zur Dekoration aufsetzen und die gefüllten Kohlrabi als Vorspeise servieren.

Mangold

Beta vulgaris subsp. *cicla*

 **April bis Juni**

 ab Juni

 Halbschatten

Leicht zu ziehen, robust und ertragreich – und noch dazu hat Mangold auch optisch einiges zu bieten! Seit einigen Jahren erlebt das alte Gemüse einen richtigen Boom in Küche und Gemüsebeet. Dem Spinat ist es nicht nur äußerlich ähnlich, auch die Inhaltsstoffe gleichen sich: viel Vitamin A, B und C, Eiweiß und vor allem Oxalsäure.

Wie sieht das aus?
Stiel-Mangold bildet breite, weiße Mittelrippen und ledrige Blätter aus; Blatt-Mangold schmale Stiele und zarte Blätter. Einige Sorten „leuchten" mit dekorativen gelben, roten oder orangefarbenen Blattrippen geradezu.

Was mögen sie?
Mangold bevorzugt ein Beet mit tiefgründigem, lockerem Boden, das im Sommer besser im Halbschatten liegt.

Was ist zu tun?
Von Mitte April bis Anfang Juni können Sie direkt ins Beet oder den Topf säen. Die Pflanztiefe liegt bei etwa 2 Zentimetern, der Reihenabstand sollte 20 Zentimeter beim Blatt-Mangold und 30 Zentimeter beim Stiel-Mangold betragen. Die einzelnen Samenknäuel legt man alle 5 bis 10 Zentimeter aus. Da sie aus jeweils mehreren Samenkörnern bestehen, empfiehlt es sich, die Pflänzchen des Stiel-Mangolds nach dem Keimen zu vereinzeln. Beim Blatt-Mangold ist dies nicht nötig. In milden Gegenden können Sie im Spätsommer noch ein weiteres Mal aussäen und die Pflanzen unter Reisig oder Folie überwintern. Anbau in Gefäßen: Mangold gedeiht auch gut in Töpfen.

Worauf muss ich achten?
Lockern Sie regelmäßig den Boden und achten Sie auf eine ausreichende Wässerung, da Mangold keine Trockenheit mag.

Wann kann ich ernten?
Bereits 6 bis 8 Wochen nach der Aussaat ist der Mangold erntereif. Junge Blätter werden wie Salat, ältere wie Spinat und die Stiele wie Spargel zubereitet. Wenn Sie beim Pflücken der Blätter darauf achten, das Herz nicht zu verletzen, ist eine stete Ernte möglich.

Welche Sorten gibt es?
'Bright Lights' (regenbogenbunte Blattrippen), 'Rhubarb Chard' (rote Stiele), 'Lucullus' (grün, kann als Stiel- oder Blatt-Mangold verwendet werden), 'Verte à Carde Blanche' (mit breiten, weißen Blattrippen)

Wie kann ich meine Pflanzen schützen?
Mangold ist sehr robust und wird kaum von Schädlingen oder Krankheiten befallen.

Pak Choi

Brassica rapa subsp. *chinensis*

 Juli/August   September/Oktober   Sonne, Halbschatten

Die gesamte Gruppe der Asia-Kohle ist schwer „in". Vor allem die offenblättrigen Arten, zu denen auch der Tatsoi zählt, sind leicht zu ziehen und vielseitig verwendbar. Der auf Deutsch auch Senf- oder Blätter- kohl genannte Pak Choi ist oft in asiatischen Schnittsalat-Mischungen vertreten. Sein Geschmack erinnert an den von Chinakohl, ist jedoch etwas feiner und leicht bitter. Pak Choi enthält neben Vitamin C und einigen B-Vitaminen reichlich Kalium, Kalzium und Carotin sowie Senföle, die eine keimtötende und reinigende Wirkung haben.

■ Wie sieht das aus?
Die glatten grünen Blätter mit den dicken Blattrippen wachsen rosettenartig um den Strunk herum und erinnern an Mangold.

■ Was mögen sie?
Der Flachwurzler wünscht sich einen sonnigen bis halbschattigen Platz und einen nährstoff- reichen, kalkhaltigen Boden.

■ Was ist zu tun?
Die Aussaat erfolgt Ende Juli bis Anfang August mit einem Reihenabstand von 40 Zentimetern. Auf keinen Fall sollte man früher aussäen, da diese Pflanzen später zum Schießen, also zum frühen Blühen, neigen. Nach dem Auflaufen sollten Sie die Sämlinge auf etwa 30 Zentime- ter vereinzeln und 2 bis 3 Wochen nach dem Keimen eine Extragabe Hornmehl verabreichen.

■ Worauf muss ich achten?
Gießen Sie aufgrund der flachen Wurzeln öfter, aber in Maßen. Um die Feuchtigkeit im Wurzelbereich länger zu halten, bietet sich das Ausbringen einer dicken Mulchschicht rund um die Pflanzen an.

■ Wann kann ich ernten?
Nach 7 bis spätestens 9 Wochen kann man den Kohl komplett abernten. Ältere Blätter werden gedünstet, junges, zartes Laub roh als Salat gegessen. Da die Blätter nach der Ernte recht schnell welken, nehmen Sie die Pflanzen besser nach Bedarf vom Beet.

■ Welche Sorten gibt es?
'Hypro', 'Japro' (sehr schossfest), 'Joi Choi' (besonders weißrippig, relativ schossfest)

■ Wie kann ich meine Pflanzen schützen?
Eine Mischkultur mit Kopfsalat wehrt Erd- flöhe ab.

Pastinaken

Pastinaca sativa

 **März/April**　　 **ab Oktober**　　 **Sonne, Halbschatten**

Die Pastinaken haben eine lange Tradition im Gemüsegarten. In England werden sie als eine von „Großmutters Spezialitäten" ebenfalls sehr geschätzt. Sie ähneln den Karotten (siehe Seite 52), mit denen sie verwandt sind. Da sie aber robust und winterhart sind, können sie auch in der kalten Jahreszeit geerntet werden. Die aromatischen Rüben mit würzigem Geschmack enthalten viele Mineralstoffe, Vitamine und ätherische Öle – ein gesunder „Knabberspaß" in Zeiten, in denen andere Gemüsearten längst im „Winterschlaf" sind.

■ Wie sieht das aus?
Oberirdisch wächst sellerieähnliches Laub bis zu 1 Meter hoch. Geerntet werden jedoch die langen, aromatisch schmeckenden, rübenartigen, hellen (cremefarbenen, fast weißen) Wurzeln.

■ Was mögen sie?
Pastinaken wachsen an sonnigen bis halbschattigen Standorten mit lockerem, tiefgründigem, humosem Boden. Sie haben einen hohen Nährstoffbedarf.

■ Was ist zu tun?
Ab Ende März beziehungsweise Anfang April können Sie direkt ins Beet säen (in Reihen mit einem Abstand von 30 Zentimetern). Pastinaken keimen langsam und brauchen etwas Zeit für die Entwicklung der langen Rüben; zur Markierung eventuell mit schnell keimenden Radieschen mischen. Nach dem Auflaufen sollten die Pflänzchen in der Reihe auf einen Abstand von 10 bis 15 Zentimetern vereinzelt werden.

■ Worauf muss ich achten?
Lockern Sie regelmäßig den Boden und befreien Sie ihn von Unkraut. Damit er die Feuchtigkeit gut behält, sollten Sie ihn zudem mulchen. Ausreichend düngen.

■ Wann kann ich ernten?
Geerntet wird ab Oktober, den ganzen Winter hindurch. Pastinaken können die kalte Jahreszeit über im Beet bleiben oder im kühlen Keller gelagert werden. Sie schmecken sowohl roh als auch in Eintöpfen, als Gratin oder Suppe. Junge Blätter können zudem als Suppengewürz oder Gemüse verwendet werden

■ Welche Sorten gibt es?
'Halblange weiße' (süßlich-würzig), 'Halblange' (würzig), 'Gladiator F1' (krankheitsbeständig, reift schnell)

■ Wie kann ich meine Pflanzen schützen?
Ein Kulturschutznetz schützt vor der Möhrenfliege.

Klare Pastinakensuppe
mit Corned Beef

Zutaten
für 2 Personen

400 g Pastinaken
1 große Zwiebel
1 EL Rapsöl
1–2 TL brauner Zucker
2 TL Rinderbouillon, z. B. von Knorr
150 g Corned-Beef-Aufschnitt
evtl. Zitronensaft
½ Bund Petersilie

Tipp
Pastinaken sind wegen ihrer leicht süßen Note auch bei Kindern beliebt. Besonders lecker schmeckt diese Suppe, wenn Sie beim Anrichten ein paar Tropfen Walnuss- oder Haselnussöl auf die Suppe träufeln.

Zubereitung

1. Pastinaken schälen und in feine Scheiben hobeln. Zwiebel schälen, halbieren und in Ringe schneiden.
2. Rapsöl in einem Topf erhitzen und Zwiebelringe darin andünsten. Zucker darüberstreuen, schmelzen und braun werden lassen.
3. 500 ml Wasser zugießen, aufkochen und Rinderbouillon einrühren. Pastinakenscheiben hinzufügen und in 1–3 Minuten knapp gar kochen.
4. Corned Beef in Streifen schneiden, mit den Zwiebelringen zur Suppe geben und heiß werden lassen. Suppe nach Belieben mit Zitronensaft abschmecken.
5. Petersilie waschen, trockenschütteln und hacken. Pastinakensuppe mit Petersilie bestreut servieren.

Radieschen

Raphanus sativus var. *sativus*

 März bis September   **ab April**   **Sonne, Halbschatten**

Radieschen sind für die ersten Versuche als Grünfinger bestens geeignet, denn der schnelle Erfolg ist so gut wie sicher. Gäbe es eine Gemüse-Olympiade würden die Radieschen als „pfeilschnelle Sprinter" sicherlich auf dem Siegertreppchen landen. Und sie sind nicht nur schnell, sondern auch früh im Jahr zur Stelle: Ab März kann es losgehen! Dank der großen Sortenvielfalt können Sie die knackigen Knollen den ganzen Sommer über genießen. Ob rot, weiß, gelb, violett oder zweifarbig – peppen Sie damit Salate und Sandwiches auf oder genießen Sie die würzigen Kugeln als Snack zwischendurch.

■ Wie sieht das aus?
Kleine Knolle, vorwiegend rot (je nach Sorte), halb im Boden; darüber behaarte Blattrosette.

■ Was mögen sie?
Radieschen mögen lockeren, humosen Boden; sie wachsen sowohl in der Sonne als auch im Halbschatten.

■ Was ist zu tun?
Die Aussaat ist von März bis Anfang September möglich. Im März schützen Sie die Aussaat am besten mit Vlies oder Folie (das verfrüht die Ernte), ab Mitte April ist das nicht mehr nötig.

Säen Sie in Reihen direkt ins Beet (Abstand zirka 10 x 8 Zentimeter), etwa 1 Zentimeter tief. Samen gut andrücken und feucht halten. Nach dem Aufgehen sollten Sie zu dicht stehende Pflänzchen auf 5 bis 10 Zentimeter vereinzeln, damit sie sich gut entwickeln können. Anbau in Gefäßen: Säen Sie jeweils zwei Samen im Abstand von 5 Zentimetern etwa 1 Zentimeter tief aus. Gehen beide auf, entfernen Sie den schwächeren. Sehr gut eignen sich Saatbänder.

■ Worauf muss ich achten?
Halten Sie den Boden gleichmäßig feucht, damit die Knollen nicht platzen, und hacken Sie ihn gelegentlich. Es ist kein frischer organischer Dünger notwendig (Schwachzehrer).

■ Wann kann ich ernten?
Je nach Sorte können Sie die ersten Knollen schon nach vier Wochen ernten. Am besten säen Sie alle zwei Wochen neue Samen (in einem anderen Gefäß) aus. So haben Sie den ganzen Sommer über immer frische Radieschen.

■ Welche Sorten gibt es?
Frühjahrs-, Sommer- und Herbstsorten in verschiedenen Farben (zum Beispiel rot, weiß, gelb, violett, zweifarbig) und Formen (kugelig bis zapfenförmig), zum Beispiel 'Radies Rudi', 'Sora' (kugelig, rot), 'Eiszapfen' (länglich, weiß), 'French Breakfast' (länglich, roter Kopf und weiße Wurzel), 'Flamboyant 2' (zweifarbig); es sind auch Saatbänder oder Mischungen mit mehreren Sorten erhältlich, zum Beispiel 'Radies III' (weiß, gelb, violett).

■ Wie kann ich meine Pflanzen schützen?
Vor der Rettichfliege hilft ein Schutznetz; ausgeglichene Bodenfeuchtigkeit beugt Erdflöhen vor; auf Falschen Mehltau achten!

Rettich

 *Raphanus sativus*

 **ab März/April**    **April bis Oktober**   **Sonne, Halbschatten**

Die größeren Verwandten des Radieschens lassen sich nicht nur im Frühjahr und Sommer kultivieren, es gibt auch späte Sorten, die man lagern und im Winter verzehren kann. Die frühen Rettiche genießt man frisch geerntet und roh als Salat oder Brotbelag. So kommen auch ihre Inhaltsstoffe, vor allem die Senföle, am besten zur Geltung.

■ Wie sieht das aus?
Die unterirdisch wachsenden Rüben können rund oder länglich, rosa, rot, violett, braun oder schwarz gefärbt sein. Besonders üppige, bis zu 40 Zentimeter lange weiße Exemplare bilden die japanischen Daikon-Rettiche aus. Es gibt für jede Jahreszeit spezielle Sorten.

■ Was mögen sie?
Der Rettich bevorzugt einen sonnigen, auch halbschattigen Standort sowie einen lehmig-sandigen, nicht zu leichten Boden mit gleichmäßiger Feuchtigkeit.

■ Was ist zu tun?
Unter Vlies oder Folie können Sie schon ab März im Freien aussäen, ansonsten warten Sie damit bis Mitte April. Folgesaaten (alle 3 Wochen) sind bis Ende Juli möglich. Legen Sie die Samen etwa 1 Zentimeter tief aus, mit einem Reihenabstand von rund 25 Zentimetern. Nach dem Keimen wird in den Reihen vereinzelt, je nach Sorte auf 5 bis 20 Zentimeter. Anbau in Gefäßen: Der Rettich eignet sich nicht unbedingt für die Topfkultur. Mit einer Sorte, die kleinere Rüben ausbildet, ist es aber einen Versuch wert.

■ Worauf muss ich achten?
Achten Sie besonders auf gleichmäßige Feuchtigkeit, da die Rüben sonst platzen. Große Trockenheit und Nährstoffmangel – den schnellen Rettichen muss vor allem Stickstoff zur Verfügung stehen – lassen sie holzig werden.

■ Wann kann ich ernten?
Abhängig von der Aussaat können Sie von April bis Oktober ernten – am besten dann, wenn die Rüben noch nicht voll ausgewachsen sind. Lagersorten sollten Sie bis Ende Oktober aus der Erde nehmen und ohne Laub im kühlen Keller, am besten in feuchtem Sand, aufbewahren.

■ Welche Sorten gibt es?
'Hild's roter Neckarruhm' (für Frühling und Sommer), 'Rex' (Frühjahrssorte), 'Runder Schwarzer Winterrettich' (sehr gut lagerfähig), 'Minowase Summer Cross' (weiß, mild, groß, resistent gegen Rettichschwärze)

■ Wie kann ich meine Pflanzen schützen?
Im Frühsommer und Sommer hilft ein Kulturschutznetz gegen die Rettichfliege. Achten Sie auch darauf, dass der Kompost, den Sie einarbeiten, gut verrottet ist.

Rhabarber

Rheum rhabarbarum

 **März oder September**    **April bis Juni**   **Sonne, Halbschatten**

Ganz schön sauer, aber auch ganz schön lecker: Diese Pflanze wird sich einen festen Platz in Ihrem Garten erobern. Muss sie auch, denn sie ist eine der wenigen mehrjährigen Arten und kann bis zu 10 Jahre alt werden. Wundern Sie sich nicht: Obwohl man die Stängel eher wie Obst verwendet und zubereitet, zählt Rhabarber tatsächlich zu den Gemüsen.

■ Wie sieht das aus?
Die aus der Basis entspringenden, großen grünen Blätter sitzen an dicken, bis zu 90 Zentimeter langen Stängeln. Es gibt rotstielige und rotfleischige sowie rotstielige und weißfleischige Sorten. Erstere sind schmackhafter, Letztere liefern mehr Ertrag. Die Stauden treiben im Frühjahr aus, blühen im Mai und ziehen sich im Herbst wieder zurück.

■ Was mögen sie?
Pflanzen Sie Rhabarber an einen sonnigen bis halbschattigen Standort mit einem tiefgründigen und nährstoffreichen Boden. Je schattiger, desto dünner die Stiele.

■ Was ist zu tun?
Kaufen Sie am besten Jungpflanzen, denn die eigene Anzucht aus Samen ist sehr langwierig. Wollen Sie vorhandene Pflanzen vermehren, nehmen Sie den Wurzelstock im Herbst aus dem Boden und teilen ihn so, dass jedes Stück mehrere Knospen aufweist. Die Schnittstellen lassen Sie trocknen, bevor Sie die Teile wieder einpflanzen. Für einen Hausgarten genügen zwei, drei Exemplare, die man bevorzugt im Herbst oder Frühjahr mit einem Abstand von gut 1 x 1 Meter setzt.

■ Worauf muss ich achten?
Rhabarber braucht viel Wasser, vor allem im Mai und Juni, also während des Hauptwachstums, er verträgt jedoch keine Staunässe. Sobald die Blütenstände erscheinen, werden sie an der Basis ausgebrochen, damit die Pflanzen nicht unnötig Kraft vergeuden.

■ Wann kann ich ernten?
Erst ab dem zweiten Jahr sollten Sie die Stängel, je nach Bedarf, herausdrehen (nicht abschneiden). Belassen Sie jedoch immer einige Stiele an der Pflanze, damit sie sich regenerieren kann. Geerntet wird ab April, wenn die Stängel dick genug sind. Die letzten sollten Sie an Johanni (24. Juni) pflücken. Danach werden die Pflanzen gedüngt. Achtung: Rhabarber enthält viel Oxalsäure, weshalb er nie roh verzehrt werden darf, und auch die Blätter sind tabu. Menschen mit einer Neigung zu Nierensteinen sollten ihn besser meiden.

■ Welche Sorten gibt es?
'Holsteiner Blut', 'Vierländer' (beide rotfleischig, 'The Sutton' (weißfleischig)

Rote Bete

Beta vulgaris subsp. *vulgaris* var. *vulgaris*

 **April bis Juni**   **Juli bis Oktober**   **Sonne, Halbschatten**

Das auch „Rande" oder „Rahne" genannte Gemüse steht oft im Ruf, ziemlich langweilig zu sein. Dieses Image soll nun durch – zum Teil schon sehr alte – bunte Sorten, die wiederbelebt wurden, aufpoliert werden. In England dagegen ist die Rote Rübe schon lange ein absoluter Renner. Vielleicht weil man die an Kalzium, Kalium und Phosphor reiche Knolle dort vielseitiger nutzt und auch ihre Blätter als Salat verzehrt.

Wie sieht das aus?
Je nach Sorte bilden die Pflanzen runde oder längliche Knollen aus, meist in Rot, seltener in Weiß, Gelb, Rosa oder Rot-Weiß geringelt.

Was mögen sie?
Die Rote Bete steht gern sonnig bis halbschattig. Sehr schwere und sehr leichte Böden mag sie nicht. An nährstoffreichen Standorten lagert die Knolle viel Nitrat ein.

Was ist zu tun?
Säen Sie erst ab Mitte April aus, da frühe Aussaaten zum Schießen neigen. Legen Sie dazu die Samenkörner etwa alle 4 Zentimeter 2 Zentimeter tief in den Boden und drücken Sie sie gut an. Der Reihenabstand sollte 25 Zentimeter betragen. Damit der regelmäßige Nachschub gesichert ist, sind Folgesaaten (alle 4 Wochen) bis Ende Juni möglich. Wichtig: Bei der Roten Bete besteht ein „Korn" in Wirklichkeit aus vier bis fünf Samen – es sei denn, es handelt sich um einkeimiges Saatgut. Nach dem Auflaufen muss man die Keimlinge deshalb vereinzeln, also einige ausrupfen, damit die anderen genügend Platz haben. Anbau in Gefäßen: Die Kultur in Gefäßen ist gut möglich, vor allem die Sorte 'Baby Beets' eignet sich dafür.

Worauf muss ich achten?
Rote Bete macht kaum Arbeit; Sie sollten lediglich den Boden hin und wieder lockern und vor allem zur Zeit der Rübenbildung regelmäßig gießen.

Wann kann ich ernten?
Die 'Baby Beets' können besonders früh geerntet werden (wenn die Knollen etwa 4 Zentimeter dick sind). Man kann sie auch roh essen. Alle anderen Rüben nimmt man spätestens wenn die Blätter vergilben – 12 bis 15 Wochen nach der Aussaat – aus dem Boden. Dabei darf man sie nicht verletzen, da sie sonst ausbluten! Zum Lagern belässt man die Herzblätter an der Wurzel und schlägt die Knollen in feuchten Sand ein. Vor dem Verzehr werden sie in der Regel gekocht.

Welche Sorten gibt es?
'Moulin Rouge', 'Rote Kugel' (rund, rot), 'Chioggia' (rund, rot-weiß)

Ernten und konservieren

Wann Sie das jeweilige Gemüse, Obst oder die Kräuter ernten und welche Teile Sie wie verwenden können, sehen Sie in den jeweiligen Artenbeschreibungen in den Kapiteln 2, 3 und 4. Hier geht es um ein paar allgemeine Grundregeln, die Sie in Bezug auf die Ernte beachten sollten.

Der richtige Erntezeitpunkt ist entscheidend für die Qualität, den Geschmack, den Vitamingehalt, die Haltbarkeit und die Lagerfähigkeit. Nur wenn Sie rechtzeitig ernten, kommen Sie auch in den vollen Genuss. Sogar die Tageszeit kann dabei eine Rolle spielen. Obst und Gemüse zum Frischverzehr sollten Sie nur vollreif ernten, Lagergemüse eher etwas vor der Vollreife. Bei Äpfeln und Birnen unterscheidet man zusätzlich in Pflückreife und Genussreife. Die Pflückreife entspricht dabei der richtigen Erntezeit. Ob Früchte pflückreif sind, erkennen sie an der Farbe und daran, dass sich die Früchte leicht vom Zweig lösen lassen. Bei der Genussreife unterscheidet man Früh- und Herbstsorten, die meist direkt vom Baum gegessen werden können, und Wintersorten, die eine gewisse Zeit zum Nachreifen brauchen. Bei heißer, trockener Witterung sollten Sie besonders darauf achten, den richtigen Erntezeitpunkt nicht zu verpassen, denn dann schreitet die Entwicklung schneller voran als bei kühler Witterung. Erntegut sollte nicht in der prallen Sonne stehen bleiben. Decken Sie es mit einem feuchten Tuch ab oder bringen es gleich an einen geschützten Ort beziehungsweise ins Haus. Bei späten Herbst- und Winterkulturen müssen Sie auf mögliche Frostschäden aufpassen beziehungsweise sie davor schützen. Vermeiden Sie beim Ernten Verletzungen oder Druckstellen.

Einlagern

Herbst- und Wintergemüse wie Kohl, Lauch, Möhren oder Kürbis sowie Kernobst (Äpfel, Birnen) können im kühlen, trockenen Keller eingelagert werden (2 bis 10 °C, relative Luftfeuchtigkeit 80 bis 90 Prozent). Ebenfalls als Lagerort geeignet sind Erdmieten oder entsprechend verwendete Frühbeete sowie Lichtschächte. Lagern Sie nur gesundes, unbeschädigtes Erntegut ein. Größeres Gemüse sowie Äpfel und Birnen setzen Sie locker geschichtet in saubere Regale oder auf Lattenroste aus Kunststoff beziehungsweise Holz oder in luftdurchlässige Kisten (Holz, Kunststoff, Weidengeflecht). Wurzelgemüse wie Möhren oder Sellerie werden in Kisten mit feuchtem Sand eingeschlagen. Kohl können Sie in Zeitungspapier einwickeln und dicht an dicht in Kisten setzen. Lagergemüse sollte in den letzten Wochen vor der Ernte nicht mehr gedüngt und weniger gewässert werden. **Wichtig:** Das Lager sollte regelmäßig kontrolliert und gelüftet werden. Faule oder kranke Früchte müssen sofort entfernt werden. Lagern Sie Ost und Gemüse nicht zusammen, denn Äpfel und Birnen strömen Ethylen aus, das gelagertes Gemüse schneller altern lässt.

Hübsch und dufte – Kräutersträuße werden am besten kopfüber aufgehängt.

Trocknen

Vor allem Kräuter lassen sich durch Trocknen gut konservieren. Binden Sie dazu Sträußchen oder Kränze und hängen Sie diese kopfüber auf. Oder Sie breiten Blätter, Stängel und Blüten flächig auf Tüchern oder Holzbrettern aus. Das Trocknen sollte nicht in der prallen Sonne erfolgen, sondern an einem eher schattigen, trockenen, warmen und gut belüfteten Ort.

Danach füllen Sie die getrockneten Kräuter in geschlossene Behälter. Kräuter, die beim Trocknen stark an Aroma verlieren, sollten Sie besser einfrieren oder einlegen. Obst wie Äpfel, Birnen, Pflaumen oder Aprikosen können Sie im Backofen oder mit Dörrapparaten trocknen und haltbar machen – das ergibt gesunde Naschereien.

Einfrieren

Die schnellste und praktischste Methode des Konservierens ist das Einfrieren von Obst, Gemüse und Kräutern. Dabei bleiben die meisten Nährstoffe und Vitamine gut erhalten.

Viele Gemüsearten, zum Beispiel Bohnen, Spinat, Möhren und Grünkohl, blanchiert man am besten vorher (wenige Minuten in kochendem Wasser). Beerenobst dagegen wird besser ausgebreitet (zum Beispiel auf einem Tablett) und schnell und kurz gefrostet, bis die einzelnen Früchte fest sind. Erst dann werden sie in Gefrierbeutel gefüllt. Oder Sie verarbeiten Erdbeeren, Himbeeren & Co. vor dem Einfrieren zu Obstpüree.

Kräuter oder essbare Blüten können Sie auch in Eiswürfelbehältern einfrieren – das ist praktisch (sie lassen sich sofort ohne Auftauen verwenden) und sieht zudem noch hübsch aus.

Der Klassiker – sauer eingelegte Gurken mit Dill und Pfefferkörnern

Einlegen

Kräuter geben ihre Aromastoffe sehr gut an Speiseöl oder Essig ab. Stecken Sie dazu Zweige und Blätter von geeigneten Kräutern in Oliven- oder Sonnenblumenöl beziehungsweise in Weißweinessig und entfernen Sie diese nach drei bis fünf Wochen wieder. Das Öl/der Essig sollte kühl und dunkel gelagert werden. Ein feuriges Würzöl bekommen Sie übrigens mit eingelegten Chilis. Auch Gemüse wie Auberginen, Zucchini oder Paprika können mariniert und in Essig oder Öl eingelegt werden (davor backen oder anbraten), um sie länger haltbar zu machen. Der Klassiker aber sind sauer eingelegte Gurken.

Einkochen

Beim Einkochen gehen durch das starke
Erhitzen Vitamine verloren. Obst und
Gemüse wird dadurch aber sehr lange
haltbar. Verwenden Sie einen Schnellkoch-
topf oder – bei größeren Mengen und
häufigem Einkochen – einen speziellen
Einkochtopf mit eingebautem Thermostat
und einer Zeitschaltuhr. Klassiker sind
Essiggurken, Kürbis oder ein Mix aus Paprika
und Zwiebeln. Probieren Sie einfach nach
Herzenslust aus.

Fast alle Früchte eignen sich für die Herstel-
lung von Marmelade, Kompott oder Gelee.
Sogar Fallobst kann dafür verwendet werden,
allerdings muss es gesund sein. Kleinere Schad-
stellen können ausgeschnitten werden; stark
befallenes, überreifes Obst gehört jedoch in
den Hausmüll.

Selbst gemachte Marmeladen sind auch schöne
Mitbringsel.

Die Variationsmöglichkeiten beim Einkochen von
Gemüse und Obst sind riesig. Probieren Sie doch
mal eigene Kreationen.

Aromatisieren

Zum Verfeinern und Aromatisieren
von Zucker eignen sich zum Beispiel
die Blüten von Lavendel, Duftveil-
chen oder Rosen. Dazu werden die
gesäuberten und trockenen Blüten-
blätter unter den Zucker gemischt
und in Schraubgläser gefüllt. Ebenso
gut funktioniert das mit (Meer-)
Salz und Kräutern.

Saft, Likör und Wein

Um Saft, Likör oder Wein herzustellen, sind schon etwas größere
Mengen an Obst erforderlich. Am
einfachsten ist die Saftgewinnung
aus rohen Früchten – dieser muss
aber innerhalb weniger Tage auf-
gebraucht werden. Erhitzter Saft
ist etwas aufwändiger, hält aber ein
paar Monate. Für die Likör- und
Weinherstellung sind etwas Aus-
stattung sowie einige Fachkennt-
nisse vonnöten – das sollten Sie im
Vorfeld bedenken.

Konservierte Sommerfrische – Säfte und Liköre

Zwiebelgemüse und Hülsenfrüchte – unverzichtbare Powerpakete

Die Hülsenfrüchte sind die typischen Früchte von Schmetterlingsblütlern wie Erbse und Bohne. Sie bestehen aus einem Fruchtblatt, das sich an zwei Nähten öffnet und die inneren Samen preisgibt. Sie werden gekocht verzehrt und sind roh sogar giftig. Mit den rankenden Stangenbohnen können Sie optische Glanzpunkte im Gemüsegarten setzen und sie beispielsweise an zylinderförmigen Rankelementen aus Weidengeflecht hochwachsen lassen. Sie bieten sich zudem als Sichtschutz an und erfüllen auf kleinem Raum damit gleich zwei Funktionen.

Typisch für die Zwiebelgemüse ist der scharfe, würzige Geschmack. Ob Schalotten, Gemüse- oder Frühlingszwiebeln – die mehrschichtigen „Dickhäuter" können uns schon mal zum Weinen bringen und im Beet schlägt Knoblauch sogar Schädlinge in die Flucht. Aber in der Küche sind Zwiebelgewächse unverzichtbar. In Butter oder Öl angebratene Zwiebeln verbreiten im Handumdrehen einen Geruch, der jedem das Wasser im Mund zusammenlaufen lässt.

Buschbohnen

Phaseolus vulgaris var. nanus

 Mai bis Juli   **ab Juli**   **Sonne, Halbschatten**

Geschmacklich hervorragend sind die seit Jahrhunderten zu den Grundnahrungsmitteln zählenden Bohnen. Mit ihren zarten Blüten, den großen Blättern und den langen, teilweise bunt gefärbten Fruchtschoten sind sie aber auch optisch ein Hit. Im Inneren strotzen die Hülsenfrüchte nur so vor Eiweiß und Stärke. Stangenbohnen (siehe Seite 70) lassen sich zudem als Sichtschutz oder zum Begrünen von Zäunen einsetzen.

■ Wie sieht das aus?

Die langen, schmalen Hülsenfrüchte sind flach oder rundlich sowie grün, gelb oder blau gefärbt. Sie entwickeln sich aus den weißen, gelben oder violetten Schmetterlingsblüten, die ab Mitte Juni erscheinen. Buschbohnen bleiben niedrig bei 25 bis 50 Zentimetern.

■ Was mögen sie?

Buschbohnen bevorzugen einen Platz in der Sonne oder im Halbschatten. Sie sind genügsam und gedeihen auf fast jedem Boden, der nicht zu schwer und zu trocken ist.

■ Was ist zu tun?

Buschbohnen werden von Anfang Mai bis Mitte Juli direkt ins Freiland gesät. Legen Sie dazu alle 40 Zentimeter eine Reihe an und geben Sie die Kerne im Abstand von etwa 5 Zentimetern hinein. Wichtig: Bohnen nur so tief säen, dass sie gerade unter der Erdoberfläche liegen. Anbau in Gefäßen: In Töpfen können spezielle Sorten wie zum Beispiel 'Molly' gezogen werden.

■ Worauf muss ich achten?

Vor allem während der Blütezeit regelmäßig gießen. Wenn die Pflanzen etwa 10 Zentimeter hoch sind, sollten sie angehäufelt werden.

■ Wann kann ich ernten?

Die ersten Buschbohnen können Sie ab Juli ernten. Sie sind reif, wenn die Hülsen beim Knicken glatt durchbrechen. Die Samen im Inneren sollten sich außen kaum abzeichnen. Pflücken Sie alle zwei Tage, so bekommen Sie immer zarte Schoten und erhöhen den Ertrag. Roh sind die Früchte/Samen übrigens giftig, deshalb nur gekocht verzehren!

■ Welche Sorten gibt es?

'Saxa', 'Odeon' (beide grün), 'Amethyst' (violette Hülsen), 'Berggold' (gelb)

■ Wie kann ich meine Pflanzen schützen?

Frisch ausgesäte Bohnen mit einem Vlies vor der Bohnenfliege und schlechtem Wetter schützen. Bohnenkraut als Zwischenpflanzung hält Schwarze Bohnenläuse ab.

Stangenbohnen

Phaseolus vulgaris var. *vulgaris*

 **ab Mitte Mai**　　 **ab August**　　 **Sonne**

■ Wie sieht das aus?
Die langen, schmalen Hülsenfrüchte sind flach oder rundlich sowie grün, gelb oder blau gefärbt, manchmal gar attraktiv gefleckt. Die kletternden Sorten wachsen bis zu 3 Meter, Feuerbohnen bis 4 Meter hoch.

■ Was mögen sie?
Die anspruchsvolleren Stangenbohnen brauchen einer tiefgründigen, humusreichen, warmen und windgeschützten Standort in der Sonne. Deutlich anspruchsloser ist die Feuerbohne: Sie gedeiht auch bei kühlerem Wetter und Regen.

■ Was ist zu tun?
Stangenbohnen sät man frühestens Mitte Mai. Zuerst stellt man das Rankgerüst auf; der Abstand der Stützen sollte 40 bis 50 Zentimeter betragen. Nun legt man um jede Stange 8 bis 10 Bohnenkeime. Wichtig: Bohnen nur so tief säen, dass sie gerade unter der Erdoberfläche liegen. Anbau in Gefäßen: Topfkultur ist möglich, zum Beispiel um das Balkongeländer zu begrünen.

■ Worauf muss ich achten?
Wichtig ist vor allem, während der Blütezeit regelmäßig zu gießen. Kontrollieren Sie immer wieder, ob die Ranken am Gerüst emporklettern; eventuell müssen sie leicht angebunden werden. Achtung: Die Triebe dabei immer gegen den Uhrzeigersinn winden!

■ Wann kann ich ernten?
Stangenbohnen können etwa 10 Wochen nach der Aussaat geerntet werden. Sie sind reif, wenn die Hülsen beim Knicken glatt durchbrechen. Die Samen im Inneren sollten sich außen kaum abzeichnen. Pflücken Sie alle zwei Tage, so bekommen Sie immer zarte Schoten und erhöhen den Ertrag. Roh sind die Früchte/Samen übrigens giftig, deshalb nur gekocht essen!

■ Welche Sorten gibt es?
'Neckarkönigin' (grün), 'Blauhilde' (blauviolett), 'Goldelfe' (gelb), 'Berner Landfrauen' (alte Sorte mit gefleckten Hülsen); weitere Art: Feuerbohne (P. coccineus) mit dekorativen orangeroten Blüten und gefleckten Samen

■ Wie kann ich meine Pflanzen schützen?
Frisch ausgesäte Bohnen mit einem Vlies vor der Bohnenfliege und schlechtem Wetter schützen. Bohnenkraut als Zwischenpflanzung hält Schwarze Bohnenläuse ab.

Deko-Tipp

Keine Lust auf neugierige Blicke? Auf dem Balkon können Sie mit Bohnen gleich zwei Fliegen mit einer Klappe schlagen – ernten und gestalten. Pflanzen Sie beispielsweise Feuerbohnen als Sichtschutz. Die Schnell-starter schaffen im Handumdrehen ein dichtes Blättermeer, zeigen leuchtend rote Blüten und spendieren leckere Bohnen. Spannen Sie Schnüre oder Drähte vom Balkongeländer bis zur Hauswand – so haben Sie ein schattenspendendes Dach. Alternativ können Sie auch fertige Rank-elemente (zum Beispiel aus Holz) oder eine Baustahlmatte als Kletterhilfe ver-wenden. Wichtig dabei: ein ausreichend großes Gefäß mit sicherem Stand und eine professionelle Befestigung.

Erbse

 *Pisum sativum* subsp. *sativum*

 **ab Mitte März**   **ab Juni**   **Sonne**

Unglaublich, aber wahr: Schon in der Steinzeit waren Erbsen angesagt. Dass man sie heute, trotz der reichen Auswahl an anderen Gemüsearten, immer noch schätzt, spricht für die Hülsenfrüchte. Abgesehen von hochwertigem Eiweiß enthalten sie viel Kalium, Phosphor und wichtige Vitamine. Schalerbsen, die man nicht rechtzeitig geerntet hat, lässt man ganz ausreifen und trocknet die Körner.

Wie sieht das aus?
Die fein beblätterten Triebe der Erbse können bis zu 4 Meter hoch ranken und brauchen eine Stütze; aus den hübschen Schmetterlingsblüten entwickeln sich die meist grünen Erbsenhülsen, in denen die runden Samen sitzen. Man unterscheidet Schal-, Mark- und Zuckererbsen. Letztere haben eine dünnere Fruchtwand in der Schote.

Was mögen sie?
Erbsen sind recht anspruchslos und gedeihen auf allen humusreichen, lockeren, feuchten Böden. Was sie nicht mögen, sind schwere und nasse Standorte. Bis zur Blüte darf es gern warm sein, danach machen ihnen auch kühlere Temperaturen nichts aus.

Was ist zu tun?
Schalerbsen können bereits ab Mitte März ausgesät werden, die kälteempfindlicheren Mark- und Zuckererbsen erst einen Monat später. Halten Sie innerhalb der Reihe einen Abstand von etwa 4 Zentimetern und zwischen den Reihen von 30 bis 40 Zentimetern ein. Bis Juni können so mehrere Folgesaaten ausgebracht werden. Anbau in Gefäßen: Wählen Sie für die Topfkultur kleine, kompakte Sorten wie 'Cascadia'.

Worauf muss ich achten?
Halten Sie den Boden gut feucht. Die meisten Sorten brauchen etwas Halt, am besten durch das Einstecken von gut kniehohen Reisern. Düngen entfällt praktisch, da Erbsen zu den Leguminosen zählen, die selbst Stickstoff bilden.

Wann kann ich ernten?
In der Regel können Erbsen ab Juni geerntet werden. Bei den Mark- und Schalerbsen palt man die runden, unreifen Samen aus der Schale; bei den Zuckererbsen pflückt und verzehrt man die ganzen, noch flachen Schoten. Wichtig: Alle 3 bis 4 Tage ernten!

Welche Sorten gibt es?
Schalerbsen: 'Rheinperle', 'Blauwschokker Désirée' (blaue Kapuzinererbse); Markerbsen: 'Markana', 'Maxigolt'; Zuckererbsen: 'Denise', 'Delikata' (Kreuzung mit Schalerbse)

Wie kann ich meine Pflanzen schützen?
Schützen Sie die frühen Aussaaten mit Kulturschutznetzen vor Vögeln. Bei späten Aussaaten droht Gefahr durch den Erbsenwickler.

Frühlingszwiebeln

Allium cepa / A. fistulosum

 ab April   **Juni bis November**   **Sonne**

In die Kategorie Frühlings- oder Lauchzwiebel fallen alle Zwiebelarten, von denen man vorrangig die Blätter und nicht das namensgebende verdickte Speicherorgan verzehrt. Was einige Sorten nicht davon abhält, den unteren Bereich des Schaftes zwiebelartig auszuweiten. Das Laub nennt man übrigens Schlotten, weshalb die Pflanzen auch als Schlottenzwiebeln bezeichnet werden.

■ Wie sieht das aus?
Oberirdisch ähneln die Frühlingszwiebeln mit ihrem langen, weißen bis rötlichen Schaft dem Lauch. Am Schaftgrund bilden sich keine richtigen Zwiebeln, sondern eher zwiebelähnliche Verdickungen.

■ Was mögen sie?
Wie alle Zwiebelgewächse bevorzugen auch die Frühlingszwiebeln ein sonniges Plätzchen auf einem gut gelockerten, nährstoffreichen Boden. Schwere Böden sind absolut ungeeignet.

■ Was ist zu tun?
Säen Sie, abhängig von der Sorte, im Frühjahr oder Sommer direkt ins Beet, und zwar in flache Rillen, die jeweils einen Abstand von etwa 15 Zentimetern haben. In sehr milden Gegenden ist eine Aussaat auch noch im Spätsommer möglich. Man kann das Saatgut auch im Herbst im Frühbeet oder unter Folie ausbringen. Nach dem Auflaufen vereinzelt man die Sämlinge auf etwa 5 Zentimeter.

■ Worauf muss ich achten?
Wichtig ist, den Boden regelmäßig zu lockern (vorsichtig) und zu gießen. Damit der Zwiebelschaft auf möglichst großer Fläche weiß und zart bleibt, häufelt man ihn zwei- bis dreimal an. Sollen die Lauchzwiebeln auf dem Beet überwintern, müssen sie mit Reisig geschützt werden; sie sind nicht so frosthart wie die Winterheckenzwiebeln.

■ Wann kann ich ernten?
Je nach Zeitpunkt der Aussaat kann von Juni bis November geerntet werden – überwinterte Lauchzwiebeln auch schon früher. Ziehen Sie die Zwiebeln komplett aus dem Boden und verwenden Sie sie frisch in Salaten oder Kräuterquark.

■ Welche Sorten gibt es?
'Ishikura Long White' (langer, weißer Schaft, für Überwinterung geeignet), 'Toga' (roter Schaft), 'Rossa Lunga di Ferenze' (hellroter Schaft), 'Vaugirard' (weiß, dicke Zwiebeln)

■ Wie kann ich meine Pflanzen schützen?
Lauchmotten und Zwiebelfliegen halten Sie am besten mit Kulturschutznetzen ab.

Knoblauch *Allium sativum*

 **März/September**   **September/Juli**   **Sonne**

Der Anbau einer der ältesten Würz- und Heil-pflanzen lohnt sich auch im eigenen Garten – denn hier kann man auch Sorten abseits vom Angebot im Supermarkt ausprobieren. Zudem ist Knoblauch äußerst gesund: Er gilt als pflanz-liches Antibiotikum und hilft, den Blutdruck zu senken und die Durchblutung zu fördern. Sei-nen durchdringenden Geruch – auch am Tag danach – nimmt man da gern in Kauf ...

■ Wie sieht das aus?
Die durchdringend duftenden Zehen wachsen unter der Erde. Es gibt weiß-, hell- und dunkel-rosaschalige Varianten. Oberirdisch erkennt man die Pflanze an den langen, runden Stielen mit der typischen kugeligen Doldenblüte der Zwiebelgewächse. Beim Knoblauch entwickeln sich daraus kleine Brutzwiebeln, die man wie-der in den Boden stecken kann.

■ Was mögen sie?
Der Knoblauch bevorzugt einen sonnigen und warmen Standort sowie einen lockeren, humusreichen Boden.

■ Was ist zu tun?
Man steckt die einzelnen Zehen im März oder – je nach Sorte und Anbaugebiet – im Septem-ber/Oktober im Abstand von 15 Zentimetern etwa 4 Zentimeter tief in den Boden. Verwen-den Sie dazu am besten Brutzwiebeln aus heimischem Anbau. Sie können auch Zehen aus dem Supermarkt stecken; sie sind jedoch sehr empfindlich und in unserem Klima wenig ertragreich. Anbau in Gefäßen: Die Kultur in Töpfen ist problemlos möglich.

■ Worauf muss ich achten?
Knoblauch hat eine ziemlich lange Kulturzeit. Wichtig ist dabei, dass er ungestört wachsen kann. Wenn er Ihnen im Gemüsebeet eher im Weg ist, könnten Sie ihn deshalb auch zwischen die Rosen, Kräuter oder Erdbeeren pflanzen.

■ Wann kann ich ernten?
Die im Frühjahr gesteckten Zehen sind ernte-reif, wenn die oberen Blätter absterben. Im Herbst gepflanzten Knoblauch kann man im Juni/Juli aus dem Boden ziehen. Lassen Sie die Knollen danach an einem warmen, lufti-gen Platz mindestens eine Woche trocknen – so halten sie sich bis ins nächste Frühjahr.

■ Welche Sorten gibt es?
'Flavor' (hellrosa, gut lagerfähig), 'Frolia' (für Herbstpflanzung), 'Edenrose' (rosa, mild), 'Printanor' (dünnschalig)

■ Wie kann ich meine Pflanzen schützen?
Es ist eher so, dass Knoblauch andere Pflanzen schützt, zum Beispiel vor Wühlmausfraß.

Zwiebeln   *Allium Cepa-Gruppe*

 März/September   **ab Juli/Mai**   **Sonne**

Auch wenn sie uns beim Schälen und Schneiden zum Weinen bringt – ohne die Zwiebel, die übrigens zu den Liliengewächsen zählt, geht in der Küche gar nichts! Warum? Weil sich unter ihrer dicken Schale nicht nur der typisch würzig-scharfe Geschmack – für den das schwefelhaltige Lauchöl verantwortlich ist –, sondern auch gesunde Vitamine und Mineralstoffe verbergen.

■ Wie sieht das aus?
Ihre Vielfalt ist größer, als man denkt: Die verdickten Speicherorgane der Küchenzwiebel sind unterschiedlich dick ausgeprägt, mit weißer, gelber, brauner oder violetter Schale; Gemüsezwiebeln sind sehr groß und milder im Geschmack; die kleinen, länglich geformten Schalotten schmecken besonders würzig.

■ Was mögen sie?
Zwiebeln schätzen besonders einen lockeren, humosen Boden in sonniger, warmer Lage.

■ Was ist zu tun?
Am besten verwenden Sie Steckzwiebeln, die im März/April im Abstand von etwa 10 Zentimetern und einem Reihenabstand von etwa 20 Zentimetern zwar fest, aber nur flach in den Boden gedrückt werden. Es gibt auch Wintersorten, die man erst Ende September steckt und über Winter mit Stroh abdeckt. Die heikleren Gemüsezwiebeln sät man im Februar auf der Fensterbank aus und pflanzt sie erst Ende Mai ins Beet. Anbau in Gefäßen: Zwiebeln eignen sich auch problemlos für die Kultur in Töpfen.

■ Worauf muss ich achten?
Regelmäßiges Hacken, Jäten und Gießen ist besonders wichtig – vor allem in der Hauptwachstumszeit dürfen die Zwiebeln nicht trocken stehen, da sie sonst schießen. Zu viel Stickstoff lassen sie mastig werden.

■ Wann kann ich ernten?
Die frühen Sorten sind ab Juli erntereif, während die Wintersorten im darauffolgenden Mai geerntet werden. Sobald sich die Blätter braun färben oder umknicken, hebt man die Zwiebeln mit der Grabegabel aus dem Boden und lässt sie einige Tage zum Trocknen liegen. Auch die runden, hohlen Blätter kann man als Würze – ähnlich wie Schnittlauch – verwenden. Schalotten bilden ganze Horste von kleinen roten oder hellbraunen Zwiebeln.

■ Welche Sorten gibt es?
Küchenzwiebeln: 'Stuttgarter Riesen', 'Braunschweiger Rote', 'Weiße Königin' (zum Überwintern geeignet); Gemüsezwiebeln: 'Ailsa Craig'; Schalotten: 'Creation'

■ Wie kann ich meine Pflanzen schützen?
Mit Kulturschutznetzen hält man sowohl die Zwiebelfliege als auch scharrende Vögel ab.

Fruchtgemüse – von mild bis würzig, von zart bis fest

Die Fruchtgemüse in diesem Kapitel sind wärmebedürftig und mögen es sonnig – eine geschützte Vorkultur ist deshalb erforderlich. Aber der Genuss von sonnenwarmen, voll ausgereiften Tomaten, knackigen Paprika und frisch-saftigen Gurken lohnt jeden Aufwand. Vor allem bei Tomaten werden Sie große geschmackliche Unterschiede zum gekauften Gemüse feststellen. Auch gibt es inzwischen so viele interessante verschiedenartige Sorten, dass Sie jedes Jahr etwas Neues ausprobieren und sich sowie Ihre Gäste mit Tomaten in ungewöhnlichen Farben und Formen überraschen können, die es im Handel nicht zu kaufen gibt.

Und wem noch ein wenig Würze und Feuer fehlt, der ergänzt das Fruchtgemüse-Repertoire mit feurigen Chilis, die auch getrocknet jedem Gericht die nötige Schärfe verleihen. Eine Ausnahme gibt es bei den Zucchini: Von diesem Gemüse können nicht nur die Früchte, sondern auch die (männlichen) Blüten verzehrt werden. Sie werden beispielsweise gefüllt – mit Reis, Frischkäse-, Ziegenkäse- oder Champignoncreme – oder in Teig getaucht und ausgebacken. Ein optischer und kulinarischer Hochgenuss!

Auberginen

Solanum melongena

 Februar/Mai   **ab Juni/Juli**   **Sonne**

Die Eierfrucht ist ein attraktives Nachtschattengewächs aus den Tropen, das sich mittlerweile einen Stammplatz in unseren Gemüsegärten erobert hat. Allerdings ist sie durchaus anspruchsvoll. Wer in einem eher milden Klima wohnt und Auberginen selbst anbaut, sollte unbedingt auch bei uns weniger bekannte, ungewöhnliche Sorten ausprobieren, wie die rote Arabische Aubergine.

◾ Wie sieht das aus?
Am bekanntesten sind die glänzenden, dunkelvioletten, keulenförmigen Früchte, die man auch im Supermarkt findet. Es gibt darüber hinaus jedoch unzählige andere Formen und Farben. Die Pflanze wächst buschig aufrecht bis zu 1 Meter hoch und hat samtige Blätter.

◾ Was mögen sie?
Auberginen mögen vor allem eines: viel Wärme! Im Beet gedeihen die Pflanzen nur an einem stets voll besonnten, warmen und geschützten Platz. Da ihnen alles unter 16 °C zu kalt ist, ist ein Anbau im Gewächshaus oder unter Folie am sichersten.

◾ Was ist zu tun?
Eine Selbstaussaat ist lohnenswert, da man nur so an ungewöhnlichere Sorten herankommt. Beginnen Sie mit dem Vorziehen etwa Ende Februar bis Mitte März. Halten Sie die Sämlinge dabei – bei gut 20 °C – immer schön warm. Da Auberginen sehr frostempfindlich sind, werden sie erst gegen Ende Mai nach draußen gesetzt, im Abstand von 50 Zentimetern. Anbau in Gefäßen: Wegen ihres Wärmebedürfnisses ist der Anbau im Topf eine gute Alternative. Diesen stellt man am besten vor eine Südwand.

◾ Worauf muss ich achten?
Sorgen Sie regelmäßig für Nährstoffnachschub, zum Beispiel mit Tomatendünger – vor allem während der Fruchtbildung. An den großfruchtigen Sorten sollten Sie nur etwa sechs Früchte belassen und die Triebe zudem einkürzen. Bei den kleinfruchtigen Sorten gilt: Je mehr, desto besser. Um den Fruchtansatz zu verbessern, können Sie die Pflanzen alle 2 Tage schütteln.

◾ Wann kann ich ernten?
Sobald die Früchte ihre typische Farbe und Form haben und bei Druck leicht nachgeben, sind sie erntereif. Im Gewächshaus ist das etwa ab Juni, im Freiland frühestens ab Ende Juli der Fall.

◾ Welche Sorten gibt es?
'Blacky', 'Negro' (dunkelviolett), 'Baby Rosanna' (kleinfruchtig, dunkelviolett); Mischungen mit unterschiedlich gefärbten und geformten Sorten, zum Beispiel mit der roten Arabischen Aubergine

Gurken  *Cucumis sativus*

 **April/Mai**　　　 **Juni/Juli**　　　 **Sonne**

Ob ganz natürlich oder würzig eingelegt – Gurken sind eine beliebte Zutat für Salate und Sandwiches. Das Ziel der Züchter sind rein weiblich blühende Pflanzen, die keine Samen ausbilden und eine hohe Widerstandsfähigkeit gegen den Echten Mehltau besitzen. Greifen Sie zudem auf bitterstofffreie Sorten zurück.

■ **Wie sieht das aus?**
Grün, unterschiedlich lang und unterschiedlich dick – so kennt man die Schlangen-, Vesper-, Essig- und Senfgurken. Es gibt aber auch weißschalige Sorten. Die Triebe fast aller Arten bilden lange Ranken.

■ **Was mögen sie?**
Gurken brauchen viel Wärme, unter 14 °C wachsen sie kaum oder gar nicht. Der Standort sollte sonnig, windgeschützt, sehr nährstoff- und humusreich sowie immer gut feucht sein.

■ **Was ist zu tun?**
Eine Direktsaat geht mit hohen Ausfallquoten einher. Ziehen Sie die Pflanzen deshalb besser drinnen geschützt vor. Da Gurken sehr schnell keimen, reicht das ab April. Füllen Sie dazu die Töpfchen erst einmal nur zur Hälfte. Erst wenn die Blätter der Sämlinge über den Topfrand schauen, füllen Sie die Gefäße mit neuer Erde auf. So bilden sich am Stängel mehr Wurzeln. Nach draußen dürfen die empfindlichen Gewächse frühestens Mitte Mai, mit einem Abstand von 30 x 120 Zentimetern.

■ **Worauf muss ich achten?**
Gießen Sie regelmäßig, aber nicht mit kaltem Leitungswasser und nicht über die Blätter. Der Boden sollte nie verkrusten, deshalb immer wieder lockern. Die meisten Gurken brauchen ein Rankgerüst. Vor allem Salatgurken sind zudem sehr nährstoffbedürftig.

■ **Wann kann ich ernten?**
Einlegegurken können Sie ernten, wenn die Früchte 6 bis 9 Zentimeter lang sind, in der Regel ab Juli. Schlangen- und Mini-Gurken schneidet man eher früher als später ab, etwa 4 bis 6 Wochen nach dem Pflanzen.

■ **Welche Sorten gibt es?**
'Midios' (Midi-Schlangengurke), 'Diamant' (kernlose Einlegegurke, robust), 'Ministars' (Snackgurke), 'Fatum' (Senfgurke), 'White Wonder' (weißschalig)

■ **Wie kann ich meine Pflanzen schützen?**
Gurken sind sehr anfällig für Pilze und Viren, wobei neue Sorten widerstandsfähiger sind. Veredelte Pflanzen, die man beim Gärtner kaufen kann, sind zudem ertragreicher. Achten Sie beim Pflanzen darauf, dass die Veredelungsstelle über dem Boden liegt.

Kürbis

Curcubita pepo, Cucurbita maxima

 April/Mai

 ab Juni

 Sonne

Als Herbstdekoration – vor allem zu Halloween – haben die Kürbisse in den letzten Jahren deutlich an Beliebtheit zugelegt. Aber nur dafür sind die Riesen unter den Gemüsen viel zu schade. Kürbisse bieten je nach Sorte viele unterschiedliche Geschmackserlebnisse.

■ Wie sieht das aus?
Kürbis bildet lange Triebe mit Ranken, an denen die kugeligen bis ovalen Früchte wachsen. Je nach Sorte gibt es unterschiedliche Formen, Farben (auch gemustert) und Größen sowie glattschalige oder solche mit unregelmäßiger Schale, die sehr dekorativ ist.

■ Was mögen sie?
Kürbis braucht viel Wärme sowie einen humosen, nährstoffreichen Boden – und viel Platz!

■ Was ist zu tun?
Ab Mitte April können Sie die warme Vorkultur starten, zum Beispiel 2 bis 3 Samen in einem Topf und unter Glas. Nach den letzten kalten Nächten (ab Mitte Mai) dürfen die Jungpflanzen dann nach draußen ins Freie – Pflanzabstand 1,50 x 1 Meter, bei Riesenkürbissen sogar 2 x 2 Meter.

■ Worauf muss ich achten?
Sorgen Sie kontinuierlich für Nährstoffnachschub, zum Beispiel mit Kompost, vor allem während der Fruchtbildung. Kürbisse brauchen im Sommer regelmäßig und reichlich Wasser.

■ Wann kann ich ernten?
Sobald die Früchte ausgewachsen sind, werden sie geerntet. Reife Früchte klingen beim Anklopfen hohl. Je nach Art können die ersten ab Juni geerntet werden (Sommerkürbisse), großfruchtige Kürbisse beziehungsweise Winterkürbisse reifen bis zum Herbst (Oktober). Im kühlen Keller sind sie lange lagerfähig. Das Fruchtfleisch wird als Gemüse oder Suppe verzehrt, die Kerne können roh oder für die Gewinnung von Öl verwendet werden.

■ Welche Sorten gibt es?
Es gibt unzählige Sorten in ganz unterschiedlicher Ausführungen, zum Beispiel den Riesenkürbis 'Roter Zentner', Buttercup-, Spaghetti- oder Patissonkürbisse. Vorsicht: Zierkürbisse können nicht verzehrt werden.

■ Wie kann ich meine Pflanzen schützen?
Jungpflanzen vor Schnecken schützen, zum Beispiel mit einem Schneckenzaun.

Fruchtig, süß, mild oder scharf – das aus den Tropen und Subtropen stammende attraktive Gemüse hat für jeden Geschmack etwas zu bieten. Paprika enthält viel Vitamin C sowie Karotin und kann sowohl roh als auch gekocht verzehrt werden. Für die Schärfe in den würzigeren Peperoni ist das Capsaicin verantwortlich. Meist gilt: Je kleiner und schmaler die Frucht, desto höher der Schärfegrad.

■ Wie sieht das aus?
Man unterscheidet die milden, dickwandigen, meist runden bis kantigen, aber auch keilförmigen Gemüsepaprika und die in verschiedene Schärfegrade eingeteilten Peperoni, die in der Regel schmale Schoten bilden. Die Früchte aller Sorten färben sich mit zunehmender Reife von Grün über Gelb und Orange nach Rot. Einige zeigen sich auch schwarz, weiß, violett oder gestreift.

■ Was mögen sie?
Paprika bevorzugen einen warmen, sonnigen Platz und einen sehr nährstoffreichen, humosen Boden. Was sie gar nicht mögen, ist Staunässe.

■ Was ist zu tun?
Ziehen Sie die Pflanzen auf der Fensterbank vor. Legen Sie dazu die Samen Mitte Februar in Aussaaterde und pikieren Sie sie nach etwa 4 Wochen in einzelne Töpfe. Die Jungpflanzen – die Sie auch in Gärtnereien und Gartencentern erwerben können – werden dann Mitte bis Ende Mai nach draußen gepflanzt. Zuverlässiger gedeihen sie im Gewächshaus. Anbau in Gefäßen: Sie können Paprika auch in großen Töpfen anbauen, die sonnig und geschützt aufgestellt werden.

■ Worauf muss ich achten?
Düngen Sie vor allem am Anfang kräftig, am besten regelmäßig. So konzentrieren sich die Pflanzen erst einmal auf das Wachstum und nicht auf die Blüte. Das ist durchaus erwünscht, da früh blühende Exemplare nur kleine Früchte hervorbringen. Umstritten ist, ob das Ausknipsen der ersten Blüte den Ertrag tatsächlich erhöht.

■ Wann kann ich ernten?

Die Früchte können ständig geerntet werden, je nach Vorliebe in unreifem (grünem) oder vollreifem (rotem) Zustand. Rote Gemüsepaprika schmecken besonders süß. Auch Peperoni haben mit der roten Farbe ihren höchsten Schärfegrad erreicht.

■ Welche Sorten gibt es?

'Lombardo' (milde Peperoni), 'Red Tinkerbell' (kleine Snack-Paprika), 'Ophelia' (besonders süß), 'Jalahot' (scharf-pikant), 'Chocolate' (reift schokoladenbraun)

■ Wie kann ich meine Pflanzen schützen?

Halten Sie eine vierjährige Anbaupause zu anderen Nachtschattengewächsen ein (siehe „Fruchtfolge" Seite 18).

Scharf, schärfer, am schärfsten

Die Schärfe von Chilisorten wird weltweit einheitlich bestimmt. Meist wird dazu die „Scoville-Skala" verwendet, welche die Schärfe der verschiedenen Paprikafrüchte anhand ihres Gehalts an Capsaicin – dem Wirkstoff, der für die Schärfe verantwortlich ist – in 10 Stufen einteilt. Die harmlose Gemüsepaprika (0 bis 500 Scoville) findet man beispielsweise bei Stufe 0, während Peperoni auf Stufe 1 und Jalapeño (10.000 bis 15.000 Scoville) auf Stufe 5 stehen. Brenzlig wird es ab Stufe 8 – hier sind unter anderem Cayenne (100.000 bis 125.000 Scoville) und der bekannte Tabasco (40.000 bis 50.000 Scoville) zu Hause. Bei Stufe 10 versammeln sich die schärfsten Chilis der Welt, zum Beispiel Red Savina (450.000 bis 550.000 Scoville) und der Naga Jolokia (850.000 bis 1.000.000 Scoville).

Tomaten

Lycopersicon esculentum

Die „Paradiesäpfel" gehören im Sommer praktisch zu den Grundnahrungsmitteln – kein Gemüse ist beliebter! Wer die Früchte selbst zieht, kann einer wahren Sammelleidenschaft verfallen. Weniger zu empfehlen ist der Verzehr von grünen Tomaten – sie haben zum einen kein Aroma, zum anderen enthalten sie, wie alle grünen Teile der Nachtschattengewächse, giftiges Solanin.

■ Wie sieht das aus?
Rund und rot, so kennt man die Tomaten aus dem Supermarkt. Sie können aber durchaus auch länglich oder birnenförmig sein und in Gelb, Orange und Braun leuchten – sogar gestreifte Früchte gibt es. Je nach Wuchs- und Fruchtform teilt man sie in Strauch- (niedrig, verzweigt), Ampel- (überhängend) und Stabtomaten (groß, meist eintriebig gezogen) sowie in Fleisch-, Cocktail-, Kirschtomaten etc. ein.

■ Was mögen sie?
Tomaten bevorzugen den sonnigsten Platz im Garten, am liebsten windgeschützt, sowie einen gut gelockerten, sehr nährstoffreichen Boden.

■ Was ist zu tun?
Seltene Sorten zieht man – etwa ab März – selbst vor, neuere Sorten kann man auch als Jungpflanzen in der Gärtnerei oder im Gartencenter erwerben. Ausgepflanzt werden sie nach den Eisheiligen, also Mitte Mai – niedrige Tomaten im Abstand von 60 x 80 Zentimetern, hohe Sorten in einem Abstand von 40 x 80 Zentimetern. Stabtomaten brauchen, wie der Name schon sagt, einen Stützpfahl. Setzen Sie die Pflanzen tief ein, bis zum untersten Blattansatz. Veredelte Pflanzen sind teurer, aber auch ertragreicher. Anbau in Gefäßen: Vor allem die kompakten Varianten eignen sich sehr gut für die Topfkultur.

■ Worauf muss ich achten?

Besonders wichtig sind regelmäßige und durchdringende Wassergaben an die Pflanzenbasis (nie die Blätter benetzen!). Alle 4 Wochen sollten Sie den Starkzehrer zudem düngen. Bei den Stabtomaten geizt man die Seitentriebe aus (Ausbrechen der Achseltriebe), um einen höheren Ertrag zu erzielen.

■ Wann kann ich ernten?

Erntezeit ist ab Juli bis in den Herbst hinein, sobald die Früchte voll ausgereift und ausgefärbt sind.

■ Welche Sorten gibt es?

Es gibt unzählige alte und neue Sorten. Zwei Züchtungen, die der Braunfäule weitgehend trotzen, sind 'Philovita' und 'Phantasia'; selbst wenn die Blätter erkranken, bleiben die Früchte gesund.

■ Wie kann ich meine Pflanzen schützen?

Die größten Probleme macht die Kraut- und Braunfäule. Der einzig wirksame Schutz ist immer noch, die Pflanzen unter ein Dach zu stellen und sie so vor Regen zu schützen. Eine Mischkultur mit Zinnien hält Wurzelälchen fern.

Zucchini

Cucurbita pepo

 April/Mai   ab Juli/August   Sonne, Halbschatten

Der Zucchino ist ein äußerst dankbares Gemüse, das auch Einsteigern keinerlei Probleme bereitet. Es sei denn, man legt sich zu viele Exemplare zu – denn eine Pflanze liefert bis zu 6 Kilo Ertrag! Doch nicht nur die Früchte kann man essen, die männlichen Blüten – zu erkennen am nicht verdickten Fruchtboden –, die man gern gefüllt oder in Teig ausgebacken verzehrt, gelten als Delikatesse.

Wie sieht das aus?
Die meisten Sorten bringen längliche grüne Früchte hervor. Es gibt aber auch Kugeln (Rondini) und „fliegende Untertassen", die sogenannten Patissons, sowie gelbe, rahmweiße, gestreifte und gesprenkelte Ausfärbungen.

Was mögen sie?
Als Starkzehrer brauchen Zucchini vor allem einen nährstoffreichen, humosen Boden sowie Sonne oder Halbschatten.

Was ist zu tun?
Zucchini zieht man im Haus vor. Da sie rasch keimen, reicht es, im April jeweils zwei Samenkörner in mit Anzuchterde gefüllte Töpfchen zu stecken. Wenn die ersten echten Blätter erscheinen, knickt man den schwächeren Sämling ab, sodass nur einer verbleibt. Nach den Eisheiligen (Mitte Mai) wird ausgepflanzt. Lassen Sie dabei rings um jede Pflanze 40 Zentimeter Platz. Zuvor das Beet gut mit Kompost und Hornspänen versorgen. Anbau in Gefäßen: Die Kultur ist nur in sehr großen Töpfen möglich.

Worauf muss ich achten?
Sobald man die ersten Fruchtansätze erkennen kann, brauchen die Pflanzen regelmäßige Wassergaben. Achten Sie dabei darauf, direkt an die Basis und nicht über die Blätter zu gießen. Staunässe mögen Zucchini gar nicht. Mulchen Sie eventuell mit Stroh.

Wann kann ich ernten?
Bereits nach 6 bis 8 Wochen sind die Zucchini erntereif. Das beste Aroma haben die grünen Früchte, wenn sie 10 bis 15 Zentimeter lang sind. Wer sie so jung schneidet, umgeht zudem eine Ernteschwemme durch zu spät gepflückte Riesenkeulen. Auch Rondini und Patissons schmecken nicht mehr, wenn sie zu groß werden. Kontrollieren Sie die Pflanzen deshalb täglich!

Welche Sorten gibt es?
'Eight Ball' (rund, grün), 'Black Forest' (grün, kletternd), 'Gold Rush' (gelb), 'Patty Pan' (Patisson, weiß), 'Diamant' (grün)

Wie kann ich meine Pflanzen schützen?
Die größte Gefahr für Zucchini stellen Schnecken dar, die gern an den jungen Früchten und den Blüten fressen. Schaffen Sie hier beispielsweise mit einem Schneckenzaun Abhilfe.

Zucchiniröllchen
mit Frischkäsefüllung

Zutaten
für 4 Personen

3 mittelgroße Zucchini
Salz
250 g Kirschtomaten
1 Bund Basilikum
1 Knoblauchzehe
50 g getrocknete Tomaten (in Öl)
50 g gehackte Pistazien
200 g Frischkäse
100 g Ziegenfrischkäse
Pfeffer, frisch gemahlen
4 EL Balsamicocreme,
z. B. Balsamissimo mit
Basilikum von Kühne
12 lange Holzspieße

Zubereitung

1. Zucchini putzen, waschen und der Länge nach mit einem Sparschäler in dünne Scheiben schneiden. Von beiden Seiten leicht salzen.
2. Kirschtomaten waschen. Das Basilikum waschen, trockenschütteln und die Blättchen abzupfen. Einige Blättchen zum Garnieren beiseitelegen, den Rest in Streifen schneiden. Den Knoblauch schälen und zerdrücken.
3. Getrocknete Tomaten abtropfen lassen und fein würfeln. Die Tomatenwürfel mit Knoblauch, Pistazien, Basilikumstreifen, Frischkäse und Ziegenfrischkäse verrühren und mit Salz sowie Pfeffer abschmecken.
4. Zucchinischeiben mit der Käsecreme bestreichen und aufrollen. Die Röllchen abwechselnd mit den Kirschtomaten auf die Holzspieße reihen und unter häufigem Drehen 5–7 Minuten auf dem Grill garen.
5. Spieße auf Tellern anrichten, mit der Balsamicocreme beträufeln und mit den Basilikumblättern garnieren.

> Tipp
> Dazu schmeckt frisches Baguettebrot.

KAPITEL 3

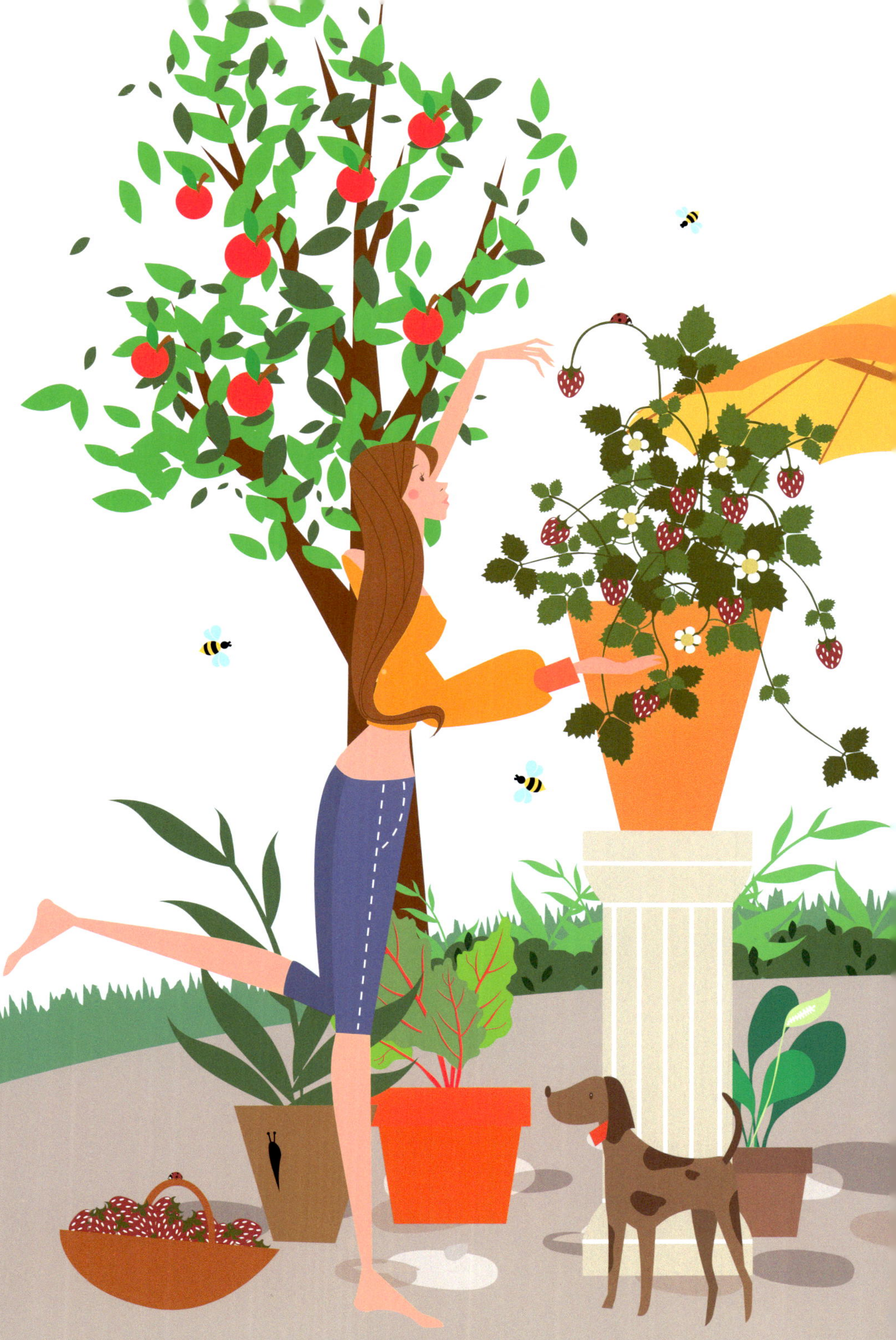

Obst im Porträt

Süße Früchte dürfen im Naschgarten keinesfalls fehlen. Beerensträucher sind anspruchslos, pflegeleicht und passen in jeden Garten, während Obstbäume mit etwas mehr Bedacht gewählt werden müssen, denn sie können recht alt und groß werden. Zum Glück gibt es inzwischen aber auch veredelte Bäume und Zwergformen, die klein bleiben. Für den notwendigen Gehölzschnitt ist Praxis-Know-how gefragt — wenden Sie sich diesbezüglich an einen Fachmann oder eignen Sie sich das entsprechende Wissen in einem Schnittkurs oder mittels spezieller Fachliteratur an.

Beerenobst – Sommergenuss pur

Schon unsere Vorfahren – die Jäger und Sammler – brachten mit Beeren Abwechslung in den Speiseplan und nutzten die vitaminreichen Powerpakete für ihre Ernährung. Und auch heute noch stehen die Beeren auf der Beliebtheitsskala ganz oben, zumal die leckeren Früchtchen höchst vielseitig verwendbar sind. Ob direkt vom Strauch genascht, als Dessert, im Kuchen oder verarbeitet zu Marmelade, Gelee, Saft oder Likör – Beeren sind Genuss pur! Zumal die meisten Beerensträucher wenig Pflege benötigen und relativ anspruchslos sind. Es sind also die idealen Pflanzen für Einsteiger und Gartenneulinge! Und: Für Beerensträucher findet sich

selbst im kleinsten Garten Platz, denn sie lassen sich zum Beispiel auch als Spalier, Hecke oder Hochstämmchen integrieren. Lieblinge wie Erdbeeren gedeihen sogar prächtig in Ampeln und Töpfen. Wählen Sie zwischen einer Vielzahl von Sorten und kombinieren Sie solche mit unterschiedlichen Reife- und Erntezeitpunkten – so können Sie die fruchtigen Köstlichkeiten während der gesamten Gartensaison genießen. Die Züchter haben die Qualität und die Ertragsfähigkeit stetig verbessert. Mit robusten und widerstandsfähigen Sorten brauchen Sie sich wenig Sorgen um Ihre Zöglinge machen und können stressfrei genießen.

 **Frühjahr**    **ab Mitte Juli**   **Sonne**

Von diesen leckeren, vitaminreichen Früchten (Vitamin A und C) können Sie den ganzen Sommer naschen, denn sie reifen über einen langen Zeitraum. Geschmack und Erntezeit variieren je nach Sorte: Es gibt frühe, mittlere und späte Sorten sowie süße und säuerliche. Alle aber schmecken am besten direkt vom Strauch in den Mund oder als köstliche Marmelade.

■ Wie sieht das aus?
Rankender oder aufrecht wachsender Strauch mit stacheligen Trieben, der 2 bis 4 Meter hoch wird. Er blüht von Mai bis August und trägt dunkle, fast schwarze, aromatische Früchte.

■ Was mögen sie?
Brombeeren mögen einen sonnigen Standort mit lockerem, humosem Boden und ausreichend Feuchte, zum Beispiel an einer Pergola oder Hauswand. Auf Kälte reagieren sie empfindlich.

■ Was ist zu tun?
Die Pflanzung erfolgt am besten im Frühjahr; Brombeeren brauchen eine Stütze, zum Beispiel 2 bis 3 Spanndrähte oder ein Spalier; der Pflanzabstand sollte 1 bis 2 Meter betragen. Selbstbefruchtend.

■ Worauf muss ich achten?
Im August sollten Sie die Seitentriebe (auf 3 Knospen) zurückschneiden. Die zweijährigen Triebe, an denen die Früchte sind, sollten Sie nach der Ernte ebenfalls – bodennah – abschneiden. In rauen Lagen ist ein Winterschutz notwendig, zum Beispiel mit Stroh, Laub oder Vlies. Empfehlenswert ist eine Mulchschicht mit Rohkompost, Rasenschnitt oder Mist.

■ Wann kann ich ernten?
Brombeeren bringen im Sommer täglich neue Früchte hervor. Der Erntebeginn variiert je nach Sorte, frühe Sorten können ab Mitte Juli geerntet werden. Verwenden Sie nur voll ausgereifte Beeren; sie geben bei leichtem Druck etwas nach und lassen sich leicht vom Trieb lösen. Die Beeren frisch verzehren, zu Marmelade oder Saft verarbeiten. Sie lassen sich auch gut einfrieren.

■ Welche Sorten gibt es?
'Jumbo' (sehr große Früchte, ertragreich), 'Loch Ness' (frühe Sorte, robust, guter Geschmack), 'Theodor Reimers' (sehr aromatisch, süß und stachelig); es gibt aber auch stachellose Sorten, zum Beispiel 'Thornfree' (späte Sorte, großfruchtig nicht so aromatisch).

Gartenerdbeere

Fragaria x ananassasativus

 Ende Juli/Anfang August   **Ende Mai bis Juli**   **Sonne**

Erdbeeren sind für viele der Inbegriff des Sommers und zählen zu den Lieblingsfrüchten der Deutschen. Kein Wunder: Beim Entspannen auf dem Balkon ein paar frisch gepflückte, von der Sonne angewärmte Früchte zu naschen ist ein fast schon himmlisches Vergnügen. Und da Erdbeeren sich auch im Topf oder Blumenkasten wohlfühlen, finden sie selbst auf dem kleinsten Balkon Platz. Ideal sind die sogenannten Taschentöpfe oder Erdbeertöpfe, die nur wenig Standfläche benötigen, aber gleich mehreren Pflanzen genug Raum bieten. Nutzen Sie auch die Vertikale: Hänge-Erdbeeren mit sehr langen Ranken machen sich besonders gut in Hängeampeln – sie wachsen Ihnen quasi direkt in den Mund. Spezielle Kletter-Erdbbeeren werden an einem Spalier hochgebunden und ranken so platzsparend in die Höhe. Aber auch wer einen schattigeren Balkon hat, braucht nicht auf die roten Vitaminbomben zu verzichten, denn hier gedeihen die sehr aromatischen Walderdbeeren (Fragaria vesca) gut.

■ **Wie sieht das aus?**
Kleine rote, aromatische Früchte; weiße Blüten, je nach Sorte auch rosa; wächst als Staude mit einer Blattrosette und bildet Ausläufer.

■ **Was mögen sie?**
Erdbeeren gedeihen zwar auch im Halbschatten, mögen aber lieber einen sonnigen Standort – dann werden die Früchte süßer. Sie benötigen einen normalen Gartenboden, humos und durchlässig.

■ **Was ist zu tun?**
Pflanzen Sie die Erdbeerpflanzen in Reihen Ende Juli/Anfang August für eine Ernte im nächsten Sommer (Abstand zwischen den Pflanzen 25 bis 35 Zentimeter, Reihenabstand 60 bis 90 Zentimeter). Graben Sie ein Loch und setzen Sie die Pflanze so ein, dass die „Herzknospe" noch leicht aus der Erde schaut. Sie bekommen im Gartenfachhandel auch im Frühjahr Pflanzen und können damit Ihren Anbau ergänzen. Anbau in Gefäßen: In einen großen Pflanztopf oder Balkonkasten passen in der Regel drei bis vier Erdbeerpflanzen. Platzsparender sind spezielle Erdbeertöpfe (Taschentöpfe) und Hängeampeln.

■ **Worauf muss ich achten?**
Während der Fruchtbildungsphase bei Trockenheit regelmäßig wässern; nach Austrieb düngen, zum Beispiel mit Langzeitdünger oder einem speziellem Beerendünger. Den Boden lockern oder mulchen. Damit die Früchte nicht faulen, am besten den Boden mit Stroh oder einem Vlies abdecken. Nach der Ernte entfernen Sie das Laub und schneiden die Ausläufer ab (falls diese nicht für die Vermehrung gewünscht sind). Zum Überwintern schneiden Sie die Pflanze bis auf das Herz zurück; frostfrei beziehungsweise geschützt überwintern.

■ Wann kann ich ernten?

Die Erdbeeren sind reif, wenn die Früchte dunkelrot sind. Geerntet werden kann je nach Sorte von Ende Mai bis Juli beziehungsweise im Oktober. Da die Erntemenge mit den Jahren nachlässt, sollten Sie die Erdbeerpflanzen alle 2 bis 3 Jahre gegen neue austauschen.

■ Welche Sorten gibt es?

Man unterscheidet ein- und zweimaltragende Sorten sowie frühe, mittlere und späte Sorten Unser Tipp: Kombinieren Sie Erdbeeren mit unterschiedlichen Reifezeiten, dann können Sie den ganzen Sommer über ernten und genießen. Hier bieten sich zum Beispiel an: 'Korona' (einmaltragend, früh), 'Mieze Schindler' (einmaltragend, mittel bis spät, alte Liebhabersorte), 'Tenira' (einmaltragend, spät), 'Thuriga' und 'Evita (jeweils zweimaltragend, Juni/September).

■ Wie kann ich meine Pflanzen schützen?

Es können Pilzerkrankungen wie Grauschimmel und Echter Mehltau auftreten. Wählen Sie robuste Sorten. Befallene Teile sofort entfernen.

Monatserdbeeren
Fragaria vesca var. *hortensis*

Die Monatserdbeeren stammen von den heimischen Walderdbeeren ab und tragen während des ganzen Sommers gleichzeitig Blüten und Früchte. Das bedeutet, Sie können ab Juni bis zum ersten Frost durchgehend ernten. Die Früchte sind zwar etwas kleiner als bei der Gartenerdbeere, schmecken aber sehr aromatisch. Beliebte Sorten sind zum Beispiel 'Alexandria', 'Hummi', 'Ostara', 'Mara de Bois', 'Rügen', 'Viva Rosa' (rosa blühend). Sie können die Pflanzen aus Samen ziehen oder im Handel erwerben. Ersteres lohnt sich jedoch in der Regel nicht, da die Pflanzen meist sehr günstig angeboten werden. Monatserdbeeren eignen sich übrigens auch hervorragend als Beeteinfassung.

Erdbeer-
Charlotte

Zutaten
für 6 Personen

400 g Erdbeeren
100 g Marzipanrohmasse
50 g Magermilchjoghurt
250 ml süße Sahne, z. B. Rama Cremefine

Tipp
Zum Servieren die Charlotte
mit frischer Melisse garnieren.

Zubereitung

1. Erdbeeren putzen und 300 g in Scheiben schneiden. Marzipanrohmasse, Joghurt und restliche Erdbeeren pürieren.
2. Sahne steif schlagen und unter die Erdbeermasse rühren.
3. Kleine Schalen oder Tassen (Inhalt etwa 150 ml) mit Frischhaltefolie auskleiden. Die Erdbeerscheiben an die Schüsselwand legen. Die Creme in die Schälchen füllen und zirka zwei Stunden kalt stellen.
4. Die Creme auf Teller stürzen und die Frischhaltefolie entfernen.

Himbeere

Rubus idaeus

 **Frühjahr/Herbst**   **ab Mitte Juli**   **nicht zu sonnig, Halbschatten**

Die Himbeere ist mit ihren weichen, aromatischen Früchten eine der süßesten Versuchungen des Sommers. Die einmaltragenden Sommerhimbeeren fruchten von Juni bis Juli an den Ruten, die sich im Vorjahr gebildet haben. Mehrmals tragende Herbsthimbeeren fruchten zusätzlich im Spätsommer an den einjährigen Jungruten. Für ein „sommerlanges" Erntevergnügen empfiehlt es sich daher, verschiedene Sorten zu kombinieren.

■ Wie sieht das aus?
Die Himbeere ist ein aufrechter Strauch mit langen Trieben und kleinen Stacheln, der bis zu 2 Meter hoch wird. Er blüht von Mai bis Juni und trägt rote aromatische Früchte (auch rosafarbene oder gelbe Sorten).

■ Was mögen sie?
Himbeeren sind nicht so wärmebedürftig wie viele andere Beerensorten und gedeihen auch an halbschattigen Standorten. Günstig sind nicht zu sonnige Lagen, die luftfeucht sind. Himbeeren gedeihen besonders gut auf einem lockeren, humusreichen, gut durchlüfteten und leicht sauren Boden.

■ Was ist zu tun?
Die Sträucher werden im Frühjahr (oder Herbst) gepflanzt und am Spalier (2 bis 3 Spanndrähte) gezogen; der Pflanzabstand sollte 40 bis 60 Zentimeter betragen. Himbeeren sind selbstfruchtbar, aber eine weitere Sorte erhöht den Ertrag und die Fruchtqualität.

■ Worauf muss ich achten?
Für einen guten Ertrag ist eine ausgeglichene, regelmäßige Wasserversorgung zwischen Austrieb und Ernte sehr wichtig. Empfehlenswert ist eine ständige Bodenabdeckung mit Mulchmaterialien wie Reifekompost, Stroh oder getrocknetem Rasenschnitt. Im Sommer sollten Sie überzählige Jungruten entfernen (zirka 15 bis 20 pro Laufmeter bleiben stehen); alte Ruten nach der Ernte im September bodennah zurückschneiden und die Jungruten anbinden.

■ Wann kann ich ernten?
Die Sommerhimbeeren können Mitte Juni bis Ende Juli geerntet werden. Die Herbsthimbeeren bringen auch noch ab August Früchte an den im selben Jahr gebildeten Ruten hervor. Da die Beeren druckempfindlich sind, verzehrt man sie am besten direkt. Beim Pflücken bleibt der Fruchtboden („Zapfen") an der Pflanze hängen.

■ Welche Sorten gibt es?
Sommersorten: 'Glen Ampel' (Früchte Anfang Juli, robust, ertragreich, stachellos), 'Schönemann' (dunkelrote Früchte im Juli, sehr süß, ertragreich), 'Tulameen' (große, süße Früchte ab Mitte Juli, widerstandsfähig); Herbstsorten: 'Autumn Bliss' (sehr große, dunkelrote Früchte ab August bis zum ersten Frost), 'Polka' (große, gut haltbare Früchte), 'Golden Bliss' (gelbe Früchte ab Anfang August)

■ Wie kann ich meine Pflanzen schützen?
Himbeeren sind anfällig für Blattläuse und Grauschimmel (siehe Seite 139).

Rote Johannisbeere *Ribes rubrum idaeus*

 **Frühjahr/Herbst**　　 **Juli/August**　　 **Sonne, Halbschatten**

In alten Bauerngärten waren die Johannisbeeren ein fester Bestandteil. Ihr Name kommt von ihrer Reifezeit um den 24. Juni herum, dem Johannistag. Ob rote, weiße oder schwarze Johannisbeeren, die säuerlich-herben Früchte bereichern jede Sommerküche. Und dank verschiedener Wuchsformen – Strauch oder Hochstämmchen – passen sie in jeden Garten oder auch auf den Balkon.

■ Wie sieht das aus?
Die Rote Johannisbeere wächst als Strauch bis zu 1,5 Meter hoch. Sie blüht von April bis Mai und trägt rote, herb schmeckende Früchte in lockeren, hängenden Trauben.

■ Was mögen sie?
Johannisbeeren gedeihen auf sonnigen (auch halbschattigen) Standorten mit nährstoffreichem, humosem, ausreichend feuchtem Boden. Sie kommen aber auch mit lehmigen Standorten zurecht. Die früh blühenden Sorten sind durch Spätfrost gefährdet.

■ Was ist zu tun?
Die Pflanzung erfolgt im Herbst (oder zeitiges Frühjahr), wobei der Pflanzabstand 1 bis 1,5 Meter betragen sollte. Sie eignen sich auch hervorragend als Hecke. Johannisbeeren sind selbstfruchtbar, jedoch ertragreicher bei Fremdbefruchtung. Anbau in Gefäßen: Die Johannisbeere gedeiht auch gut in Töpfen und Kübeln. Besonders platzsparend sind Hochstämmchen, die noch unterpflanzt werden können.

■ Worauf muss ich achten?
Mulchen ist günstig, um die Bodenfeuchte zu halten und die flachen Wurzeln zu schützen. In der Regel reicht eine Düngung im Frühjahr (kalibetont, chloridfrei) aus. Regelmäßiges Gießen ist vor allem während der Fruchtbildung wichtig. Schnittmaßnahmen wie bei der Stachelbeere.

■ Wann kann ich ernten?
Geerntet wird ab Juli bis August. Am besten verzehren Sie die Beeren frisch oder verarbeiten sie zu Gelee, Marmelade oder Saft; Johannisbeeren können auch eingefroren werden.

■ Welche Sorten gibt es?
'Jonkheer van Tets' (sehr frühe Sorte, lange rote Trauben mit großen Beeren), 'Rovada' (späte, robuste Sorte mit großen Früchten), 'Rosalinn' (mittel reifende Sorte, rosafarbene Früchte, mildes Aroma); es gibt auch weiße Johannisbeersorten, zum Beispiel 'Primus' (große Früchte, milder Geschmack) oder 'Weiße Versailler' (kleine, sehr süße Früchte). Weitere Art: Schwarze Johannisbeere (*Ribes nigrum*) mit schwarzen Früchten und viel Vitamin C; Ansprüche und Pflegemaßnahmen entsprechen denen der Roten Johannisbeere, es sollte aber eine Befruchtersorte in unmittelbarer Nähe vorhanden sein.

■ Wie kann ich meine Pflanzen schützen?
Es kann zum „Rieseln" der grünlich gelben Blütentrauben kommen (häufig durch Spätfrost während der Blüte oder bei mangelnder Befruchtung) – dem beugen Sie durch die Auswahl entsprechender Sorten vor. Weitere mögliche Schädlinge und Krankheiten sind die Johannisbeergallmilbe sowie Blattflecken- oder Blattfallkrankheiten.

Stachelbeere

Ribes uva-crispa

 Herbst/Frühjahr

 **Juni/Juli**

 Halbschatten

Die vitamin- und säurereichen Früchte gibt es als rote oder grüne Stachelbeeren. Die bedornten Triebe erfordern etwas Vorsicht. Das sollte Sie aber nicht davon abhalten, Stachelbeeren zu pflanzen, denn die erfrischenden Früchte lohnen den Einsatz allemal. Umso mehr, da Stachelbeeren im Handel eher selten erhältlich sind – die vollreifen Früchte sind sehr empfindlich und daher schwer zu transportieren. Durch den eigenen Anbau aber kommen Sie zum vollen Genuss ...

■ **Wie sieht das aus?**
Die Stachelbeere wächst als aufrechter Strauch bis zu 1,5 Meter hoch. Sie hat dornige Triebe und blüht von April bis Mai. Die roten oder grünen Früchte sind je nach Sorte behaart oder glattschalig.

■ **Was mögen sie?**
Stachelbeeren bevorzugen helle oder halbschattige Standorte ohne pralle Sonne (die Früchte bekommen leicht Sonnenbrand) sowie einen nährstoffreichen, humosen, durchlässigen, aber nicht zu trockenen Boden. Da sie früh blühen, sind Stachelbeeren spätfrostgefährdet.

■ **Was ist zu tun?**
Die Pflanzung – gern auch als Hecke oder am Spalier – erfolgt im Herbst (oder im zeitigen Frühjahr), wobei ein Pflanzabstand von 1 bis 1,5 Metern eingehalten werden sollte. Stachelbeeren sind meist selbstbefruchtend, aber Sie erzielen bessere Erträge bei Fremdbefruchtung. Anbau in Gefäßen: Für die Kultur im Topf sind besonders als Hochstamm gezogene Stachelbeeren geeignet.

■ **Worauf muss ich achten?**
Es empfiehlt sich, den Boden zum Beispiel mit Kompost zu mulchen. Wichtig ist eine gleichmäßige Bodenfeuchte bei der Fruchtbildung.

Auch sollten die Pflanzen regelmäßig ausgelichtet werden, das heißt, alte, kranke oder abgetragene Triebe werden nach der Ernte oder im März bis zum Boden zurückgeschnitten; jedes Jahr 2 bis 3 neue Triebe nachziehen.

■ **Wann kann ich ernten?**
Erntezeit für Stachelbeeren ist Juni und Juli. Die vollreifen Früchte sind süß und weich, aber sehr cruck- und sonnenbrandempfindlich. Sie können auch vorher geerntet werden, dann sind sie fester, grün und säuerlicher. Stachelbeeren eignen sich sowohl zum Frischverzehr als auch zum Einkochen als Marmelade (dann halbreif ernten).

■ **Welche Sorten gibt es?**
'Invicta' (grüne Früchte, ertragreich, sehr frühe Sorte, resistent gegen Stachelbeermehltau), 'Pax' (rote Früchte, ertragreich, frühe Sorte mit wenig Dornen), 'Rokula' (rote Früchte, sehr guter Geschmack, robust)

■ **Wie kann ich meine Pflanzen schützen?**
Häufige Krankheit ist der Stachelbeermehltau. Achten Sie daher bei der Auswahl auf mehltautolerante beziehungsweise -resistente Sorten.

Kern- und Steinobst – beliebte Klassiker

Äpfel, Birnen und Kirschen sind die Obstbaumklassiker in unseren Gärten. Allerdings benötigen die stattlichen Bäume viel Platz. Inzwischen gibt es aber auch zahlreiche Sorten, die auf schwach wachsenden Unterlagen veredelt werden und als Buschbaum oder Spindelbusch niedrig und klein bleiben, sodass sich auch Hobby-Gärtner mit wenig Anbaufläche diesen Obsttraum erfüllen können. Säulenförmig wachsende Sorten (zum Beispiel Ballerina-Bäume) oder Obstzwerge finden sogar im Topf ein Plätzchen zum Gedeihen. Der Clou sind jedoch Bäume mit mehreren Sorten an einer Pflanze (Duo-Obstbäume mit 2 Sorten oder

Pflanzen mit 3 Kirschsorten, 4 Apfel- oder 3 Birnensorten). Der Vorteil ist dabei nicht nur die Platzersparnis, die unterschiedlichen Sorten bieten auch unterschiedliche Geschmacksrichtungen und reifen zu verschiedenen Zeiten. Achten Sie bei der Wahl des Obstbaumes und der Sorte außer auf Ihre geschmacklichen Vorlieben auch auf die Standortansprüche der Pflanzen, auf robuste Sorten und darauf, ob die Früchte gleich verzehrt oder gelagert werden sollen. Einige Sorten brauchen zudem geeignete Befruchtersorten in der Nähe, damit sie überhaupt Früchte tragen (zum Beispiel Äpfel und Birnen).

Apfel

Malus domestica

Bei Äpfeln gibt es unzählige Sorten: von süß bis sauer, von fest bis weich, von grün bis rot – da ist für jeden Geschmack etwas dabei. Wichtig zu wissen ist, dass Apfelbäume selbstunfruchtbar sind. Das heißt, sie brauchen eine Befruchtersorte – eine Sorte, die zur gleichen Zeit blüht –, damit sie Früchte hervorbringen können.

■ Wie sieht das aus?

Apfelbäume werden je nach Wuchsform (Halb-, Hochstamm, Spindelbusch) und Sorte bis zu 8 Meter hoch, wobei auch eine Pflanzung am Spalier möglich ist. Die weißen Blüten zeigen sich ab Ende April bis Mai. Größe, Farbe und Geschmack der Früchte variieren je nach Sorte, die man in Sommer-, Herbst- und Winteräpfel unterteilt.

■ Was mögen sie?

Apfelbäume gedeihen besonders gut an sonnigen (bis halbschattigen) Standorten in windgeschützter Lage. Sie bevorzugen einen nährstoffreichen, lehmigen, tiefgründigen, feuchten Boden.

■ Was ist zu tun?

Die Pflanzung erfolgt im Herbst (oder Frühjahr) mit einem Abstand von 2 bis 3 x 4 bis 5 Metern. Für eine optimale Entwicklung und einen guten Ernteerfolg ist ein fachgerechter Pflanzschnitt notwendig. Anbau in Gefäßen: Für die Kultur im Topf eignen sich schwachwüchsige Sorten, Säulenformen, Ballerina-Bäume, Spindelbüsche und Obstzwerge.

■ Worauf muss ich achten?

Die Baumscheibe sollte gemulcht werden und eine gute Wasserversorgung während der Fruchtbildung gewährleistet sein. Sorgen Sie für eine geeignete Befruchtersorte sowie regelmäßiges Auslichten und Rückschneiden.

■ Wann kann ich ernten?

Je nach Sorte beginnt die Ernte ab August, September oder Oktober. Die frühen Sorten sind meist bei der Ernte genussreif und zum Sofortverzehr gedacht. Späte Sorten sollten nach der Ernte etwas nachreifen. Reife Äpfel erkennen Sie daran, dass sie sich leicht am Stiel abdrehen lassen und ihre sortentypische Färbung erreicht haben. Sie eignen sich zum Frischverzehr, für Kompott, Kuchen und Saft. Die Lagerfähigkeit ist je nach Sorte unterschiedlich (siehe auch Seite 64).

■ Welche Sorten gibt es?

'Boskoop' (säuerlicher Geschmack, Ernte: Oktober/November), 'Cox Orange' (fruchtig, Ernte: September/Oktober), 'Jonagold' (saftig, süßlich, Ernte: September/Oktober), 'Piros' (süß, mild, Ernte: August), 'Topaz' (süß-säuerlich, gut lagerfähig, Ernte: September/Oktober), 'Rubinette' (fruchtig, Ernte: Oktober), 'Retina' (süß, saftig, Ernte: September)

Was tun mit der Ernte?
Der Apfel als wahrer Tausendsassa

Äpfel machen nicht nur in der Küche eine gute Figur.

Pfiffige Deko-Ideen rund um den Apfel

Mus, Kompott, Gelee, Konfitüre und Kuchen – die Verwendungsmöglichkeiten von knackigen Äpfeln ist durchaus nicht auf die Küche beschränkt. Sie eignen sich auch hervorragend für

Deko-Zwecke, zum Beispiel als Tischschmuck: Leuchtend rote oder grüne Äpfel in kleinen Vasen, Einmach- oder Teelichtgläsern, die am oberen Ende mit Golddraht oder einer farblich passenden Schleife verziert sind (besonders hübsch sind auch auf den Golddraht aufgefädelte Beeren oder ein in die Schleife eingebundener Beerenzweig), bilden dekorative Farbtupfer auf der sommerlich beziehungsweise herbstlich geschmückten Festtafel. Ebenfalls ein Blickfang sind mit Äpfeln gefüllte Glasschalen (oder andere ansprechende Gefäße, zum Beispiel aus Ton oder Metall) oder ein Apfelkranz.

Darf es etwas üppiger sein, peppen Sie Ihre Apfel-Deko je nach Geschmack und Laune mit Blüten, (Beeren-)Zweigen, Zapfen, Ähren, Kastanien, Eicheln sowie Schleifen und Bändern auf und arrangieren das Ganze – zum Beispiel in einem Korb – auf einem Bett aus Laub, Stroh oder Reisig. Dazu können Sie auch prima farblich abgestimmte Kerzen kombinieren – lassen Sie Ihrer Kreativität einfach freien Lauf. Ein solches Arrangement eignet sich natürlich nicht nur als Tischdekoration, sondern ebenso als Blickfang für die Wohnung. Ein echter Hingucker auf Ihrem Ess- oder Buffettisch sind aus frischen oder getrockneten Äpfeln geschnitzte Blüten und Figuren – das jedoch erfordert einiges an Geschick und Übung.

Obstschnitzen – so wird aus einem getrockneten Apfel ein wahres Kunstwerk.

Rote Äpfel und Weihnachten gehören einfach zusammen.

Besonders die roten Äpfel haben zudem einen festen Platz in der Advents- und Weihnachts-Deko. Zusammen mit Kerzen, Zimtstangen, Nüssen, Tannenzweigen und -zapfen sowie eventuell einigen Weihnachtskugeln zaubern Sie im Handumdrehen festliche Weihnachtsteller und -schalen. Oder Sie verwenden die Äpfel direkt als Kerzenständer. Wählen Sie dazu Äpfel, die stabil stehen, und höhlen Sie am Blütenansatz ein Loch aus, in das Sie die Kerze zusammen mit einem Tannenzweig drücken. Darf es etwas mehr glitzern, können Sie die Äpfel zusätzlich mit kleinen Goldsternchen bekleben (in Bastel- und Schreibwarenläden erhältlich). Mehrere dieser Apfelkerzenständer auf einem roten Organzatuch, dekoriert mit einigen Nüssen und Strohsternen, ergeben eine stimmungsvolle Weihnachts-Deko für die Fensterbank. Kleinere Äpfel lassen sich zudem hervorragend als Farbtupfer in den Adventskranz integrieren oder – mit einer entsprechenden Schleife beziehungsweise einem Draht versehen – als klassischer Christbaumschmuck verwenden.

Apfel-Shake – frisch und voller Vitamine

Dieser fruchtige Shake weckt frühmorgens Ihre Lebensgeister und gibt Ihnen Power für den Tag oder erfrischt – eisgekühlt – an heißen Sommertagen. Außerdem lässt er sich schnell und einfach zubereiten: Einen mittelgroßen Apfel halbieren, entkernen und in kleine Stücke schneiden. Diese zusammen mit ¼ Liter Milch oder Buttermilch, 1 Esslöffel Zitronensaft und – je nach Geschmack – 2 Esslöffel Zucker (beziehungsweise einer entsprechenden Menge Süßstoff) im Mixer oder mit einem Pürierstab einige Sekunden mixen, bis ein schaumiger Shake entsteht. Als Deko für die Gläser eignen sich Apfelringe, Apfeljulienne oder Zitronenmelisseblätter.

Übrigens: Getrocknete Apfelringe – in kleineren Mengen lassen sich diese auch auf der (abgestaubten!) Heizung oder dem Kachelofen gut herstellen – sind eine gesunde und schmackhafte Knabberei. Auf einen Kochlöffel gesteckt, an dessen Enden man jeweils eine schöne Schleife bindet, sind sie ein originelles Mitbringsel für alle Naschkatzen.

Leckerer Fitmacher – der Apfel-Shake

Birne
Pyrus communis

 Herbst/Frühjahr

 **ab August**

 **Sonne**

Etwas zarter und feiner im Geschmack als Äpfel sind Birnen – allerdings sind sie auch ein wenig anspruchsvoller. Im 17. und 18. Jahrhundert war die Birnenkultur in Frankreich sehr beliebt. Dort gehörte ein Birnenspalier genauso zum Barockgarten wie die strengen Buchsformen. Die bekannteste Sorte, 'Williams Christ', kommt jedoch aus England. Um bei der Sortenvielfalt die für Sie richtige zu finden, heißt es genau wie beim Apfel: probieren, probieren, probieren.

■ Wie sieht das aus?
Birnenbäume werden je nach Wuchsform (Halb-, Hochstamm, Spindelbusch) und Sorte bis zu 10 Meter hoch, können aber auch am Spalier gepflanzt werden. Die weißen Blüten bilden sich im Frühjahr (April bis Mai). Größe, Farbe und Geschmack der Früchte variieren je nach Sorte, die in Sommer-, Herbst- und Winterbirnen unterteilt werden.

■ Was mögen sie?
Birnenbäume schätzen eine sonnige, warme, geschützte Lage und einen nährstoffreichen, humosen, tiefgründigen Boden. Staunässe vertragen sie überhaupt nicht und sie reagieren empfindlich auf lang anhaltende Trockenheit.

■ Was ist zu tun?
Die Pflanzung erfolgt im Herbst oder Frühjahr, wobei ein Abstand von 2,5 bis 3 x 5 bis 8 Metern zwischen den einzelnen Bäumen eingehalten

werden sollte. Für eine optimale Entwicklung und einen guten Ernteerfolg ist auch hier ein fachgerechter Pflanzschnitt notwendig. Birnenbäume eignen sich gut als Formobst am Spalier (zum Beispiel an einer warmen Hauswand). Anbau in Gefäßen: Für die Kultur im Topf eignen sich schwachwüchsige Sorten (oft auf Quitten-Unterlage veredelt), Säulenformen, Ballerina-Bäume, Spindelbüsche und Obstzwerge.

■ Worauf muss ich achten?
Besonders wichtig ist eine gute Wasserversorgung während der Fruchtbildung. Am besten mulchen Sie den Boden und düngen einmal jährlich. Denken Sie daran, auch eine geeignete Befruchtersorte zu pflanzen. Lichten Sie die Bäume zudem regelmäßig aus und schneiden Sie sie regelmäßig zurück.

■ Wann kann ich ernten?
Wenn die grüne Schale die sortentypische Färbung annimmt, sind die Früchte reif für die Ernte – je nach Sorte ist das von August bis Oktober der Fall. Die frühen Sorten sollten möglichst bald geerntet und schnell verzehrt werden, während die späten Sorten ab Oktober oder November geerntet und bis zur Genussreife noch etwas gelagert werden. Birnen eignen sich sowohl zum Frischverzehr als auch für Kompott, Saft, zum Backen oder Einkochen.

■ Welche Sorten gibt es?
'Conference' (süß, widerstandsfähig, Ernte: September/Oktober), 'Harrow Sweet' (süß-aromatisch, saftig-schmelzend, Ernte: September/Oktober), 'Williams Christ' (süß-säuerlich, sehr saftig, Ernte: August/September).

■ Wie kann ich meine Pflanzen schützen?
Birnenbäume sind anfällig für Spinnmilben, Blattläuse und Obstbaumkrebs (siehe Seite 139 ff.).

Birnen
mit Mandel-Mousse

Zutaten
für 4 Personen

4 Birnen
1 Vanilleschote
125 ml Apfel- oder Birnensaft
100 g Zucker
etwas Ahornsirup
75 g Mandeln, geschält
100 ml süße Sahne, z. B. Rama Cremefine
50 g Crème fraîche

Zubereitung

1. Birnen schälen und den Stiel stehen lassen. Aufrecht in einen Topf setzen. Vanilleschote auskratzen und Mark sowie Schote in den Topf geben. Obstsaft, 50 g Zucker und Ahornsirup mit den Birnen erhitzen. Bei geschlossenem Deckel so lange garen, bis die Birnen weich sind.

2. Den restlichen Zucker mit zwei bis drei Esslöffel Wasser in einem kleinen Topf schmelzen. Wenn der Karamell braun wird, die Mandeln hineingeben und karamellisieren lassen.

3. Abgekühlte Mandeln mit einer Küchenmaschine oder einem Pürierstab grob zerkleinern. Sahne aufschlagen und zu den Mandeln geben. Crème fraîche unterheben und eventuell noch etwas süßen.

4. Die noch warmen Birnen mit dem beim Kochen entstandenen Sirup beträufeln und mit der Mandel-Mousse servieren.

Tipp
Verwenden Sie gebrannte Mandeln, anstatt sie selbst zu karamellisieren.

Sauerkirsche   *Prunus cerasus*

 Herbst/Frühjahr   Juli/August   Sonne

Während man in Japan die Kirschblüte feiert, verführen bei uns zahlreiche Kirschfeste im Sommer zum Genuss der knackigen Früchte. Kirschen sind genügsam und zählen zu den anspruchslosen Obstarten. Wie die Namen schon vermuten lassen, unterscheiden sich die beiden Kirscharten durch ihren Geschmack – eher süß oder säuerlich. Aber es gibt noch weitere Unterschiede: Sauerkirschen blühen später und sind deshalb weniger frostgefährdet als Süßkirschen. Diese sind dafür wüchsiger und bekommen eine ausladendere Krone, wobei es inzwischen aber auch kleinere, schwach wachsende Sorten gibt. Bei den Sauerkirschen sind die meisten Sorten selbstfruchtbar, während die Süßkirschen geeignete Befruchtersorten benötigen. Und wer sich bei den Sorten nicht entscheiden kann, der wählt platzsparende Mehrsortenbäume.

■ Wie sieht das aus?
Die Bäume werden je nach Wuchsform bis zu 8 Meter hoch (Halb- oder Hochstamm), es gibt sie aber auch als Buschform oder Spalierbaum. Die Früchte sind hellrot mit nicht färbendem Saft (Amarellen) oder dunkelrot und fester mit färbendem Saft (Weichseln, Morellen).

■ Was mögen sie?
Sauerkirschbäume gedeihen am besten auf einem lehmigen, tiefgründigen, durchlässigen, nicht zu nassen Boden, kommen in der Regel aber auch mit allen anderen Böden zurecht (sie wachsen sogar auf Sandboden). Sie mögen es sonnig bis halbschattig und warm.

■ Was ist zu tun?
Die Pflanzung erfolgt im Herbst (oder Frühjahr), wobei ein Abstand von 2,5 bis 3 x 2,5 bis 3 Metern eingehalten werden sollte. Wie auch bei Apfel- und Birnenbäumen ist für eine optimale Entwicklung und einen guten Ernteerfolg ein fachgerechter Pflanzschnitt notwendig. Die meisten Sorten sind selbstfruchtbar, eine weitere Sorte wirkt sich aber positiv auf den Ertrag aus. Anbau in Gefäßen: Für die Kultur im Topf eignen sich schwachwüchsige Sorten, Säulenformen und Mehrsortenbäume.

■ Worauf muss ich achten?
Es empfiehlt sich, eine Mulch- oder Kompostschicht aufzubringen. Sauerkirschen fruchten am einjährigen Holz, weshalb ein regelmäßiger Erhaltungs- oder Verjüngungsschnitt nach der Ernte notwendig ist. Den Stamm pflegen Sie mit einem Weißanstrich.

■ Wann kann ich ernten?
Je nach Sorte wird von Juli bis August geerntet; pflücken Sie aber nur reife, intensiv gefärbte Früchte, denn nur sie haben das volle Kirscharoma. Sie eignen sich sowohl zum Frischverzehr als auch für Gelee, Kuchen, Desserts oder Saft. Kirschen können auch eingekocht oder eingefroren werden.

■ Welche Sorten gibt es?
'Gerema' (dunkelrote Früchte, Ernte: Ende Juli/8.–9. Kirschwoche), 'Morina' (braunrote Kirschen, robust, ertragreich, Ernte: Mitte Juli/6. Kirschwoche)

Süßkirsche
Prunus avium

 **Herbst/Frühjahr**　　　 **Mai bis Juli**　　　 **Sonne**

■ Wie sieht das aus?
Die Bäume – die sich auch als Spalierbaum eignen – werden je nach Wuchsform bis zu 12 Meter hoch (Halb- oder Hochstamm). Man unterscheidet Herzkirschen (weiche, kleine, herzförmige Früchte) und Knorpelkirschen (festes Fruchtfleisch, knacken beim Hineinbeißen, platzen nicht so schnell). Die Früchte sind je nach Sorte rot, schwarzrot oder gelb.

■ Was mögen sie?
Süßkirschbäume bevorzugen sonnige, warme Standorte (spätfrostgefährdet) sowie leichte, sandig-lehmige, tiefgründige Böden, die durchlässig und nicht zu nass sind.

■ Was ist zu tun?
Die Pflanzung erfolgt im Herbst (oder Frühjahr), wobei ein Abstand von 2,5 bis 5 x 3 bis 5 Metern eingehalten werden sollte. Ein fachgerechter Pflanzschnitt ist notwendig. Da Süßkirschen selbststeril sind, müssen Sie für eine Befruchtersorte sorgen. Anbau in Gefäßen: Für die Kultur im Topf eignen sich schwachwüchsige Sorten, Säulenformen und Mehrsortenbäume.

■ Worauf muss ich achten?
Der Boden sollte stets gleichmäßig feucht gehalten werden. Ein regelmäßiges Auslichten ist ebenfalls notwendig. Bei hohen Sommerniederschlägen oder hoher Luftfeuchte können die Früchte platzen (bei der Sortenwahl beachten). Ansonsten wie bei Sauerkirsche.

■ Wann kann ich ernten?
Je nach Sorte wird von Mai bis Juli geerntet; Verwertung wie bei der Sauerkirsche.

■ Welche Sorten gibt es?
'Giorgia' (dunkelrote Herzkirschen, Ernte: Anfang Juni/2.–3. Kirschwoche), 'Kordia' (rotbraune Kirschen, robust, Ernte: Mitte Juli/6.–7. Kirschwoche), 'Büttners Rote Knorpel' (große, rotgelbe Knorpelkirschen, Ernte: Mitte Juni/4.–5. Kirschwoche), 'Sweetheart' (tiefrote Knorpelkirsche, selbstfruchtbar, Ernte: Ende Jul /8. Kirschwoche)

 **Kirschwochen**

Die Kirschsorten teilt man ebenfalls nach ihrem Reifezeitpunkt ein. Man ordnet sie allerdings nicht frühen, mittleren oder späten Reifezeiten zu, sondern spricht von Kirschwochen. Die erste Kirschwoche, in der die frühesten Sorten reifen, liegt in den bevorzugten Lagen zwischen Ende Mai und Anfang Juni. Die meisten Sorten werden zwischen der fünften und siebten Kirschwoche geerntet.

Pfirsich  *Prunus persica*

 **Frühjahr**  **Juli bis September**  **Sonne**

So lecker sie auch sind – Pfirsiche können nur in mildem Klima angebaut werden, denn sie sind sehr wärmebedürftig. Eine geschützte Lage, zum Beispiel am Spalier vor einer wärmespeichernden Wand, ist wichtig für eine erfolgreiche Kultur. Im Topf gehalten, können Pfirsiche im Winter in ein frostfreies, kühles Quartier umziehen. Nektarinen – eine Unterart der Pfirsiche mit glänzender, glatter Schale – werden wie Pfirsiche kultiviert. Sie sind jedoch noch wärmeliebender und anfälliger.

■ Wie sieht das aus?
Der Pfirsichbaum wird je nach Wuchsform 2 bis 6 Meter hoch (als Halb- beziehungsweise Hochstamm oder am Spalier gezogen). Die meist rosafarbenen Blüten zeigen sich im März (frostgefährdet). Die filzig behaarten Früchte haben eine orangegelbe bis rote Schale und gelbes oder weißes Fruchtfleisch.

■ Was mögen sie?
Pfirsiche sind frostempfindlich. Sie brauchen eine sonnige, windgeschützte Lage (Weinbauklima) und nährstoffreiche, leicht sandige, wasserdurchlässige Böden. Staunässe mögen sie überhaupt nicht.

■ Was ist zu tun?
Die Pflanzung erfolgt im Frühjahr mit einem Abstand von 2 bis 2,5 x 2 bis 2,5 Metern. Die meisten Sorten sind selbstfruchtbar, für bessere Erträge empfiehlt es sich jedoch, eine zweite Sorte zu pflanzten. Anbau in Gefäßen: Pfirsiche sind für die Kultur im Topf geeignet, am besten pflanzen Sie Zwerg-Pfirsiche.

■ Worauf muss ich achten?
Die Früchte erscheinen an den letztjährigen Trieben. Deshalb ist ein regelmäßiger Schnitt nach der Ernte oder im Frühjahr sinnvoll.

Besonders wichtig ist die Wasserversorgung während der Fruchtbildung. Eine gute Nährstoffversorgung stellen Sie durch Kompostgaben sicher. Für eine bessere Fruchtqualität empfiehlt es sich, die Früchte während der Entwicklung auszudünnen (zirka alle 10 Zentimeter eine Frucht). Vor Frost schützen!

■ Wann kann ich ernten?
Erntezeit ist von Juli bis September (je nach Sorte). Die Früchte werden geerntet, wenn sie weich sind und die typische Farbe angenommen haben. Pfirsiche werden frisch verzehrt oder zu Kompott beziehungsweise Saft verarbeitet.

■ Welche Sorten gibt es?
'Amsden' (mittelgroße, rotgelbe Früchte, Ernte: Ende Juli), 'Red Haven' (mittelgroße Früchte, Ernte: Mitte August), 'Revita' (große, orangerote Früchte, robust, Ernte: Mitte/Ende August)

■ Wie kann ich meine Pflanzen schützen?
Pfirsichbäume sind anfällig für die Kräuselkrankheit, Blattläuse und Mehltau (siehe Seite 139 ff.).

 # Pflaume *Prunus domestica*

 **Herbst**  **Juli bis Oktober**  **Sonne, Halbschatten**

Es geht nichts über einen frischen, noch warmen Pflaumenkuchen mit Sahne – köstlich! Für dieses Vergnügen – und für Pflaumenmarmelade – reicht bereits ein Baum im Garten. Man unterscheidet Pflaumen mit rundlichen Früchten in den Farben von Gelb über Rosa bis Blau und die länglichen Zwetschen in typischem Pflaumenblau (Dunkelviolett). Zur Familie der Pflaumen gehören auch die Mirabellen mit rundlichen, gelben Früchten und die Renekloden mit runden, grünen bis roten Früchten.

Wie sieht das aus?

Je nach Wuchsform werden Pflaumenbäume 2 bis 8 Meter hoch (Halb- oder Hochstamm, Busch). Sie blühen von April bis Mai. Ihre Früchte, die Pflaumen, sind rundlich und lösen sich schwer vom Stein, während Zwetschen länglich sind und sich leichter vom Stein lösen.

Was mögen sie?

Pflaumenbäume bevorzugen warme, sonnige bis halbschattige Standorte sowie einen humusreichen, sandig-lehmigen Boden, der durchlässig, etwas feucht und gut durchlüftet ist.

Was ist zu tun?

Die Pflanzung – die auch am Spalier möglich ist – erfolgt im Herbst, wobei ein Abstand von 2,5 bis 3 x 2,5 bis 3 Metern eingehalten werden sollte. Auch für die Pflaumenbäume gilt: Für eine optimale Entwicklung und einen guten Ernteerfolg ist ein fachgerechter Pflanzschnitt notwendig. Einige Sorten sind selbstfruchtbar.

Worauf muss ich achten?

Es empfiehlt sich, nach der Blüte eine Mulchbeziehungsweise Kompostschicht aufzubringen. Den Boden stets ausreichend wässern und düngen. Auch sollten die Bäume regelmäßig geschnitten und im Winter ausgelichtet werden.

Wann kann ich ernten?

Je nach Sorte können Sie von Juli bis Oktober ernten. Dabei werden die Früchte mit dem Stiel gepflückt. Sie eignen sich sowohl für den Frischverzehr als auch für Kuchen, Kompott und Pflaumenmus. Pflaumen können auch eingefroren oder eingekocht werden.

Welche Sorten gibt es?

'Bühler Frühzwetsche' (süß, saftig, selbstfruchtbar, Ernte: August), 'Hauszwetsche' (süß, saftig, selbstfruchtbar, ertragreich, Ernte: September bis Oktober), 'Hanita' (große Früchte, selbstfruchtbar, virustolerant, Ernte: August/September), 'Katinka' (süß, selbstfruchtbar, widerstandsfähig, Ernte: Juli)

Wie kann ich meine Pflanzen schützen?

Pflaumenbäume sind anfällig für die Narrenkrankheit, Blattläuse und die Monilia-Fruchtfäule (siehe Seite 139 ff.).

KAPITEL 4

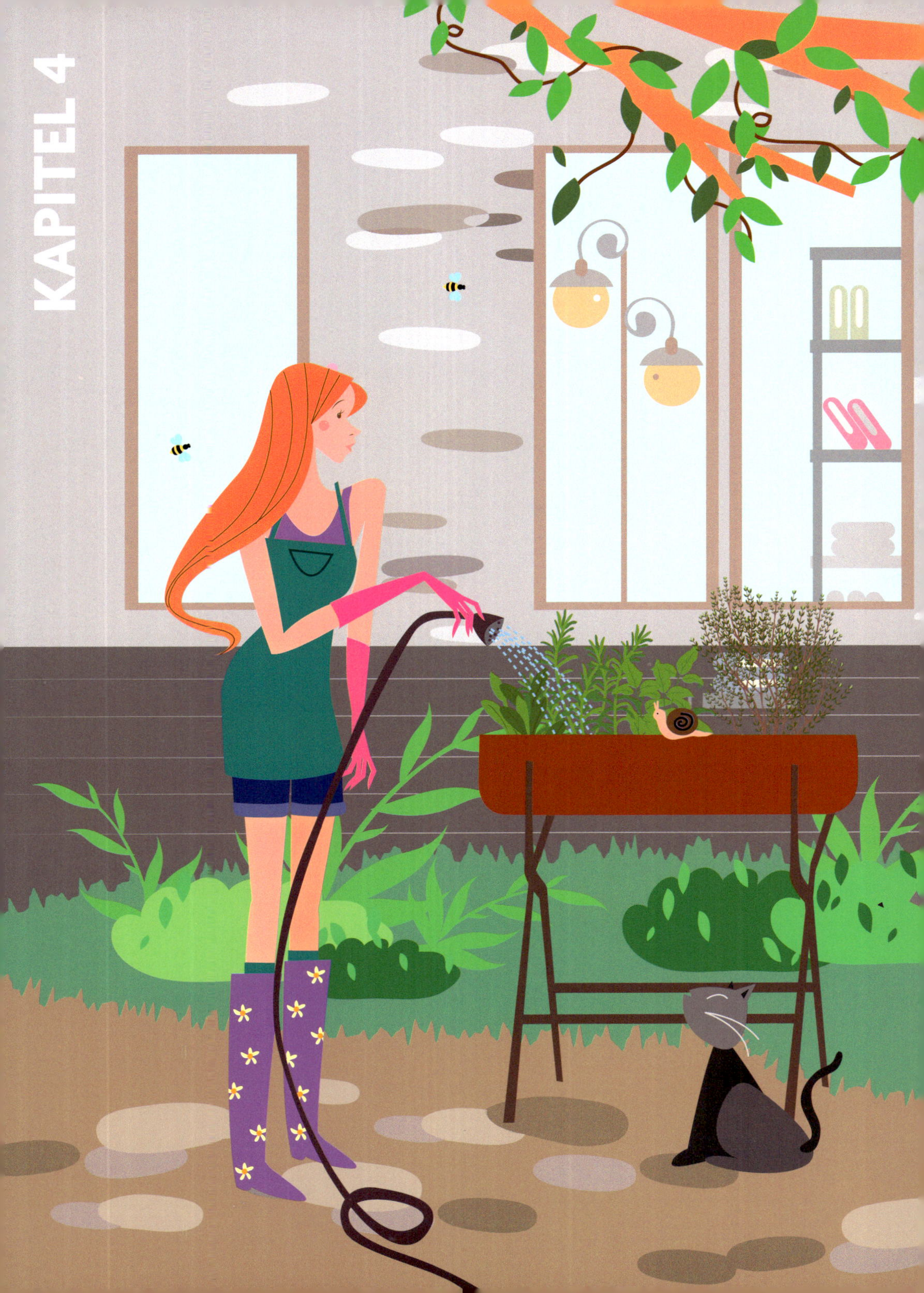

Kräuter im Porträt

Kräuter sind absolute Allround-Talente: Aus der Küche sind sie nicht wegzudenken, da sie nahezu jedes Gericht mit ihren Aromen verfeinern. Sie dienen unserer Gesundheit sowie unserem Wohlbefinden und machen auch noch optisch eine gute Figur. Und all das, ohne große Ansprüche zu stellen. Kräuter sind deshalb die idealen Pflanzen für alle Garteneinsteiger. Die meisten von ihnen brauchen nicht viel Platz, um pures Kräutervergnügen zu bereiten, und gedeihen auch im Topf. Da sie frisch am besten schmecken, sollten Sie auf Kräuter aus eigenem Anbau auf keinen Fall verzichten.

Kräuterklassiker – aromatische Helfer für Küche & Co.

Kräuter faszinieren die Menschen seit Urzeiten, denn schon früh entdeckte man ihre gesundheitsfördernden, wertvollen Inhaltsstoffe. Die Verwendung von Kräutern hat deshalb eine lange Geschichte – in der Küche und in der Medizin. Und auch heute dürfen Kräuterklassiker wie Petersilie, Schnittlauch oder Kerbel in der traditionellen deutschen Küche nicht fehlen. Am besten ist, Sie haben welche in Küchennähe parat, denn frisch gepflückt ist ihr Aroma am intensivsten. Eine Zusammenstellung beliebter Klassiker und mediterraner Kräuter finden Sie in diesem Kapitel. Die meisten von ihnen sind genügsam und brauchen nicht

viel, um prächtig zu gedeihen: Ein helles Plätzchen, ein lockerer, tiefgründiger Boden und ein paar Nährstoffe – schon klappt es mit der Würze. Manche wachsen auch im Halbschatten, der Anteil der Aromastoffe ist jedoch höher und ihr Geschmack intensiver, wenn Kräuter an einem möglichst sonnigen Platz stehen. Man unterscheidet die ein- und zweijährigen Arten sowie die mehrjährigen, die dauerhaft Freude bereiten. Regelmäßiges Schneiden und Ernten fördert die Verzweigung und den Austrieb. Mehrjährige Kräuter brauchen zudem einen Rückschnitt vor dem Austrieb, damit sie in Form bleiben.

(Winter-)Bohnenkraut *Satureja montanaca*

 **März/Mai**    **Juni bis September**   **Sonne**

Der pfeffrige Geschmack von Bohnenkraut passt gut zu Eintöpfen (Bohnen), Fleisch, Suppen und Salaten oder als würzende Beigabe zum Braten und Grillen. Das gesunde Kraut regt die Verdauung an und wirkt als Tee magenstärkend und belebend (in der Antike schrieb man ihm auch eine aphrodisierende Wirkung zu). Die zahlreichen hübschen Blüten locken im Sommer zudem Bienen und Hummeln an. Bohnenkraut können Sie gut in Mischkultur mit Bohnen und Salaten setzen – der kräftige Duft hält Läuse und andere Schädlinge von Bohnen ab.

■ Wie sieht das aus?
Der mehrjährige, winterharte Halbstrauch mit aufrechten Trieben wird 25 bis 40 Zentimeter hoch. Er hat kleine, länglich-spitze, dunkelgrüne Blätter und weiße bis violette Blüten, die ab Juni erscheinen.

■ Was mögen sie?
Bohnenkraut wächst an sonnigen, warmen Standorten und bevorzugt einen humosen, kalkhaltigen, durchlässigen Boden.

■ Was ist zu tun?
Sie können das Kraut ab März geschützt vorziehen und ab Mai auspflanzen, wobei Sie zwischen den einzelnen Pflanzen einen Abstand von 30 Zentimetern und einen Reihenabstand von 20 bis 25 Zentimetern einhalten sollten. Von Mai bis Juni ist auch die direkte Aussaat ins Beet möglich. Die Samen nur leicht andrücken, da Bohnenkraut ein Lichtkeimer ist. Eine Vermehrung durch Stecklinge ist ebenfalls möglich. Anbau in Gefäßen: Bohnenkraut gedeiht problemlos auch in Töpfen und Kästen.

■ Worauf muss ich achten?
Bohnenkraut ist ein Schwachzehrer, deshalb nur mäßig düngen. Nach der Ernte unbedingt zurückschneiden.

■ Wann kann ich ernten?
Blätter und junge Triebe können von Juni bis September nach Bedarf geerntet werden (Haupternte vor der Blüte). Zum Konservieren werden ganze Triebe in Öl eingelegt oder – zu Sträußen zusammengebunden – an einem luftigen, schattigen Ort getrocknet. Die Blätter können ebenfalls getrocknet oder eingefroren werden.

■ Welche Sorten gibt es?
Zitronen-Bohnenkraut (*Satureja montana* var. *citriodora*); Sommerbohnenkraut (*Satureja hortensis*) ist einjährig und ebenfalls für Beete sowie Töpfe geeignet (zum Beispiel die Sorte 'Compactum').

Dill

Anethum graveolens var. *hortorum*

 **April bis Juni** **gesamte Vegetationsphase** **Sonne, Halbschatten**

Die meisten kennen Dill als Gewürz für eingelegte Gurken. Aber auch Soßen, Salaten und Fischgerichten verleiht das feine Laub Aroma. Und Dill hat noch mehr Talente: Dank seiner vielen ätherische Öle genießt er eine lange Tradition als Heilpflanze. Der zerkleinerte Samen eignet sich beispielsweise für magenstärkende Tees und in Kombination mit Kümmel und Fenchel wirkt er lindernd bei Blähungen. Seine hübschen Blüten machen sich auch gut zwischen Sommerblumen und Stauden sowie in locker gebundenen Sträußen.

■ Wie sieht das aus?

Dill wächst mit aufrechten Stängeln bis 120 Zentimeter hoch. Er hat zart gefiedertes Laub und gelbe Doldenblüten, die im Juli und August erscheinen.

■ Was mögen sie?

Dill ist einjährig und wächst an sonnigen bis halbschattigen Standorten. Er steht gern warm und windgeschützt und bevorzugt einen nährstoffreichen, frischen, durchlässigen Boden.

■ Was ist zu tun?

Von April bis Juni können Sie Dill direkt ins Beet säen, wobei Sie einen Reihenabstand von 20 Zentimetern und eine Saattiefe von 1 bis 1,5 Zentimetern einhalten sollten. Nach der Aussaat andrücken und feucht halten. Das Verpflanzen von Jungpflanzen ist wegen der feinen Wurzeln schwierig, wählen Sie deshalb den Standort sehr bewusst aus. Anbau in Gefäßen: Für die Kultur im Topf eignen sich vor allem niedrigere und sehr buschig wachsende Sorten, die auch in Form von Saatscheiben erhältlich sind.

■ Worauf muss ich achten?

Den Boden öfter hacken und gleichmäßig feucht halten. Im Topf gezogener Dill benötigt regelmäßig Dünger.

■ Wann kann ich ernten?

Sobald der Dill 20 bis 30 Zentimeter hoch ist, kann das feine grüne Laub zum ersten Mal geerntet werden, dann laufend nach Bedarf (am besten kurz vor der Blüte). Das Gewürz können Sie auch einfrieren oder in Essig, Öl und Salz einlegen. Die Samen bei trockenem Wetter sammeln, sobald sie leicht braun werden, und anschließend trocknen. Auch die Blüten eignen sich als Würze.

■ Welche Sorten gibt es?

'Elefant' (spät blühend, dadurch längere gute Blatternte), 'Tetra-Dill' (kräftiges Laub), Topfdill 'Delikat' und 'Brevi' (kompakter Wuchs, als Saatscheibe erhältlich)

Gartenkresse

Lepidium sativum

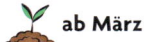 **ab März**

 **8 bis 15 Tage**

 **Sonne, Halbschatten**

Hätten Sie gern ein Erfolgserlebnis à la „grüner Daumen"? Mit der Gartenkresse gelingt es garantiert, denn Gartenkresse wächst fast aus dem Nichts. Sie ist so anspruchslos, dass die Aussaat sogar in ganz flachen Pflanzschalen oder auf feuchtem Vliespapier am Fenster funktioniert. Sie keimt rasch und ist damit ein schneller Vitaminspender. Mit der scharf-würzigen Kresse werden Butterbrote, Quark und Brotaufstriche im Handumdrehen zum gesunden Snack.

■ Wie sieht das aus?
Die zierliche einjährige Pflanze hat feine, länglich geteilte Blätter und unscheinbare, kleine weiße Blüten. Sie wächst krautig und wird 10 bis 40 Zentimeter hoch. Meist wird sie als Keimpflanze kultiviert und vor der Weiterentwicklung geerntet.

■ Was mögen sie?
Die Gartenkresse bevorzugt einen sonnigen bis halbschattigen Standort und eher magere Böden. Für die Zimmerkultur reicht auch ein Vlies.

■ Was ist zu tun?
Im Freien ist die Aussaat – in Reihen (Abstand 10 Zentimeter) oder breitwürfig – ab März möglich. Die Erde nur leicht andrücken (Kresse ist ein Lichtkeimer) und feucht halten. Am besten mehrere Folgesaaten pro Jahr anbauen, damit beständig geerntet werden kann. Nach 2 bis 3 Jahren sollten Sie den Standort wechseln. Anbau in Gefäßen: Wächst hervorragend in Töpfen, Schalen und Balkonkästen. Sie benötigen lediglich ein paar Zentimeter Substrat oder ein feuchtes Vlies, Filter-, Küchenpapier oder Watte. In einem Keimapparat (ganz ohne Substrat oder Vlies) ist Kresse innerhalb von einer Woche bereit zum Verzehr.

■ Worauf muss ich achten?
Kresse ist anspruchslos, achten Sie lediglich auf genügend Feuchtigkeit.

■ Wann kann ich ernten?
Kresse keimt sehr schnell (3 bis 5 Tage) und kann nach 8 bis 15 Tagen geerntet werden. Schneiden den Sie die Keimlinge (ohne Wurzeln) oder die frischen Blätter (vor der Blüte) am besten mit der Schere ab.

■ Welche Sorten gibt es?
Es gibt glatt- und krausblättrige sowie großblättrige Sorten; es sind auch Saatscheiben erhältlich.

Kapuzinerkresse

Tropaeolum majus

 **März/Mai**   **gesamte Vegetationsphase**   **Sonne**

Das kresseähnliche Aroma und die dekorativen essbaren Blüten machen Kapuzinerkresse zum Augen- und Gaumenschmaus. Sie wirkt blutreinigend, aktiviert Abwehrkräfte und enthält antibiotische Substanzen. Der einzige „Nachteil": Sie ist bei Blattläusen sehr beliebt! Oft wird sie deswegen für die Mischkultur empfohlen und gepflanzt, um die Blattläuse auf sich zu lenken und anderes Gemüse so zu schützen. Kapuzinerkresse macht sich gut als Unterpflanzung von Obstbäumen.

■ Wie sieht das aus?
Die einjährige Kapuzinerkresse wächst flach (30 bis 40 Zentimeter hoch) und entwickelt lange Ranken. Sie kann kletternd oder niederliegend gehalten werden, es gibt aber auch kompakt wachsende Sorten. Die Kapuzinerkresse hat rundliche blaugrüne Blätter und große trompetenförmige Blüten (süßer Duft)

mit langem Sporn, die entweder orange, gelb oder rot gefärbt sind. Sie erscheinen in der Zeit von Mai bis Oktober.

■ Was mögen sie?
Die Kapuzinerkresse bevorzugt einen sonnigen, windgeschützten Platz sowie einen humosen, gut durchlässigen Boden, der eher mager ist.

■ Was ist zu tun?
Die geschützte Vorkultur wird ab März angelegt und ab Mai ausgepflanzt. Ab Mitte Mai können Sie auch direkt ins Freie – in Beete oder Töpfe – säen. Anbau in Gefäßen: Kapuzinerkresse wächst prächtig in Töpfen und Balkonkästen. Sehr schön wirkt sie auch in Ampeln als Hängepflanze.

■ Worauf muss ich achten?
Kapuzinerkresse ist anspruchslos und braucht kaum Pflege. Lediglich die Blattläuse können lästig werden (siehe Seite 139). Das regelmäßige Entfernen der Fruchtstände fördert die Verzweigung.

■ Wann kann ich ernten?
Blätter und Blüten können laufend und nach Bedarf frisch gepflückt werden und schmecken in Salaten, zu Quark oder auf dem Butterbrot. Die geschlossenen Blütenknospen oder weichen (unreifen) Samen können Sie zusammen mit anderen Kräutern in Essig einlegen (Kapernersatz).

■ Welche Sorten gibt es?
'Jewel Cherry Rose' (kirschrosa, wenig rankend), 'Kanarienvogel' (gelb), 'Schwarzer Prinz' und 'Kaiserin Viktoria' (rot, dunkle Blätter), auch Mischungen mit verschiedenen Blütenfarben (zum Beispiel 'Night and Day', 'Tip Top')

Essbare Blüten

Sie sind Augenweide und Gaumenschmaus zugleich – essbare Blüten bringen Farbe auf den Teller. Möglichkeiten gibt es viele: Salate werden mit Gänseblümchen oder Kapuzinerkresse verfeinert, Torten bekommen mit kandierten Veilchen oder Rosenblütenblättern die passende Dekoration, Kräuterquark wird mit Schnittlauchblüten gekrönt und Sommerdrinks bekommen „Blüten-Eiswürfel" verpasst. Folgendes sollten Sie vor dem Verzehr jedoch beachten: Sammeln Sie nur Blüten im eigenen Garten oder an schadstofffreien Plätzen (keine Pflanzenschutzmittel, Abgase ...). Reinigen Sie die Blüten vorsichtig unter fließendem Wasser und überprüfen Sie das Innere auf Insekten.

Schnittlauchblüten und Veilchen sind leckere Farbtupfer im grünen Salat.

Zum Vernaschen

Diese Blüten verwöhnen nicht nur das Auge, sondern auch den Gaumen:

- Bärlauch (*Allium ursinum*)
- Borretsch (*Borago officinalis*)
- Dill (*Anethum graveolens*)
- Duftpelargonie (*Pelargonium*-Arten und -Sorten)
- Fenchel (*Foeniculum vulgare*)
- Gänseblümchen (*Bellis perennis*)
- Holunder (*Sambucus nigra*)
- Indianernessel (*Monarda didyma*)
- Kapuzinerkresse (*Tropaeolum majus*)
- Katzenminze (*Nepeta x faassenii*)
- Lavendel (*Lavandula angustifolia*)
- Löwenzahn (*Taraxacum officinale*)
- Mädesüß (*Filipendula ulmaria*)
- Phlox (*Phlox paniculata*)
- Primel (*Primula vulgaris*)
- Ringelblume (*Calendula officinalis*)
- Rose (*Rosa* spec.)
- Schnittlauch (*Allium schoenoprasum*)
- Spitzwegerich (*Plantago lanceolata*)
- Stiefmütterchen (*Viola*-Hybride)
- Stockrose (*Alcea rosea*)
- Taglilien (*Hemerocallis*-Arten)
- Veilchen (*Viola odorata*)
- Waldmeister (*Galium odoratum*)
- Ysop (*Hyssopus officinalis*)
- Zucchiniblüte (*Cucurbita pepo var. melopepo*)

Kerbel

Anthriscus cerefolium

 **März bis Juni**  **nach 6 Wochen** ☀ **Sonne, Halbschatten**

Kerbel gehört zur erfrischenden Frühlingsküche unbedingt dazu. Er wirkt stoffwechselanregend und bringt mit viel Vitamin C, Eisen und Magnesium den müden Körper in Schwung. In der Küche ist er vielseitig verwendbar, zum Beispiel für Suppen, Kräuterbutter und -quark oder als Salatgewürz. Sein feines Aroma erinnert an Petersilie und Anis. Damit ist er stolzes Mitglied der „fines herbes" – einer klassischen, aus der französischen Küche stammenden Kräutermischung, zu der ursprünglich Schnittlauch, Kerbel, Petersilie und Estragon gehören.

◼ Wie sieht das aus?
Kerbel hat einen zweijährigen Lebenszyklus, wird jedoch meist einjährig kultiviert. Er wächst locker verzweigt und aufrecht bis 60 Zentimeter hoch. Er hat farnartige, hellgrüne Blätter und weiße zarte Doldenblüten von Mai bis August.

◼ Was mögen sie?
Kerbel mag kühle sonnige oder halbschattige Standorte sowie frischen, lockeren Boden. An warmen, sonnigen Plätzen „schießt" er.

◼ Was ist zu tun?
Von März bis Juni können Sie – flächig oder in Reihen (Abstand 20 Zentimeter) – direkt ins Freie säen. Die Samen dabei nur leicht mit Erde bedecken (Kerbel ist ein Lichtkeimer), diese andrücken und feucht halten. Für ein sommerlanges Erntevergnügen alle 3 bis 4 Wochen (bis August) nachsäen. Anbau in Gefäßen: Kerbel gedeiht hervorragend im Topf und ist auch im Zimmer zu kultivieren.

◼ Worauf muss ich achten?
Kerbel ist anspruchslos und muss lediglich bei Trockenheit kräftig gegossen werden. Das Laub sollte nicht zu tief geschnitten werden.

◼ Wann kann ich ernten?
Die frischen Blätter mit ihrem feinen Anis-Aroma können zirka 6 Wochen nach der Aussaat, jedoch vor der Blüte, geerntet werden. Sie werden am besten fein gehackt und schmecken roh zu Salaten, Suppen, Quark, Fisch und Geflügel. Blättchen bitte nicht mitkochen, sondern erst ganz zum Schluss zu den Speisen geben. Die noch geschlossenen Blütendolden schmecken ebenfalls sehr aromatisch.

◼ Welche Sorten gibt es?
Im Handel sind leider nur wenige Sorten erhältlich, zum Beispiel 'Vertissimo' oder 'Commun'.

Liebstöckel   *Levisticum officinale*

 ab April   **März bis September**   **Sonne, Halbschatten**

Das auch Maggikraut genannte Liebstöckel ist ein „kräftiger Busche" – und damit ist nicht nur der Wuchs, sondern auch der intensive Geschmack gemeint. Es enthält in allen Teilen ein unvergleichlich typisches und kräftig-würziges, curryähnliches Aroma. Verwenden Sie die Blätter daher eher sparsam, zum Beispiel als Suppengrün, zu Fleischgerichten und geschmortem Gemüse sowie für Salate, in Eintöpfen und für Gerichte mit Hülsenfrüchten (mitkochen). Auch die Samen können – zerstoßen im Mörser – zum Würzen von Brot, Reis und Salaten genutzt werden. Ein Exemplar pro Haushalt reicht in der Regel, denn das Kraut ist sehr wüchsig und ausladend. Liebstöckel regt den Appetit an und wirkt verdauungsfördernd (ein Tee aus Samen und Blättern hilft bei Verdauungsstörungen). Ein Tee aus den Wurzeln ist nicht nur magenstärkend, sondern auch blutreinigend und entwässernd. Liebstöckel ist ein starker Partner für Küche und Gesundheit.

■ Wie sieht das aus?
Das Liebstöckel ist eine winterharte, aufrecht wachsende Staude, die bis zu 170 Zentimeter hoch wird (ausladender, kräftiger Wuchs). Sie hat hohle Stängel und tief geteilte, gezahnte Blätter, die beim Zerreiben zwischen der Fingern aromatisch duften. Die winzigen, blassgelben Doldenblüten erscheinen von Juli bis August.

■ Was mögen sie?
Liebstöckel wächst besonders gut an sonnigen bis halbschattigen Standorten auf nährstoffreichem, tiefgründigem, ausreichend feuchtem Boden.

■ Was ist zu tun?
Ab April ist die Aussaat direkt ins Freie möglich, die Jungpflanzen können im April oder September gepflanzt werden. Halten Sie dabei einen Reihenabstand von 45 bis 60 Zentimetern ein. Die Samen nur leicht andrücken (Liebstöckel ist ein Lichtkeimer). Anbau in Gefäßen: Liebstöckel eignet sich auch für die Kultur im Topf.

■ Worauf muss ich achten?
Achten Sie im Sommer auf eine ausreichende Wässerung; im Herbst mit Kompost düngen. Zudem sollte das Liebstöckel im Herbst zurückgeschnitten werden.

■ Wann kann ich ernten?
Von März an können Sie regelmäßig die frischen Blätter ernten (am besten vor der Blüte), das fördert auch die Neubildung von jungen Blättern. Zum Konservieren die Blätter oder ganze Zweige trocknen, einfrieren oder in Essig beziehungsweise Öl einlegen. Die Samen können geerntet werden, wenn sie sich braun färben (September).

Petersilie

Petroselinum crispum

Petersilie ist ein weit verbreiteter und vielseitiger Star im Kräutergarten und aus der deutschen Küche nicht wegzudenken. Ob als schmackhafte Garnierung, als Bestandteil von Soßen, Salaten, Quark und Suppen oder als Begleiter für Gemüse, Fleisch und Fisch – sie macht überall eine gute Figur. Petersilie ist gleichzeitig ein „Urgestein" in der Kräutergeschichte: Sie wird seit etwa 2.000 Jahren genutzt und galt im antiken Griechenland als heilig. Sie ist reich an Vitamin A und C und wirkt verdauungsfördernd. In der Volksmedizin wendet man sie zur Blutreinigung und zur Behandlung von Erkrankungen der Harnwege (wassertreibende Wirkung) an. Bei so vielen überzeugenden Eigenschaften sollten Sie nicht zögern und die Petersilie in Ihre Sammlung schmackhafter Topfkräuter aufnehmen.

■ **Wie sieht das aus?**

Die Petersilie bildet eine Rosette (bis 40 Zentimeter hoch) aus sattgrünen gefiederten Blättern an kräftigen Stielen, wobei die Blattränder gesägt, glatt oder kraus sind. Sie wächst zweijährig, im zweiten Jahr erscheinen kleine cremefarbene Blüten.

■ **Was mögen sie?**

Sonnige bis halbschattige Standorte sind für die Petersilie gut geeignet. Sie bevorzugt einen frischen, nährstoffreichen Boden.

■ **Was ist zu tun?**

Ab Mitte März können Sie ins Frühbeet, ab April auch direkt ins Freie säen. Dabei empfiehlt sich eine Saattiefe von zirka 1 Zentimeter sowie ein Reihenabstand von 20 bis 25 Zentimetern. Halten Sie den Boden nach der Aussaat gut feucht und dünnen Sie die Pflänzchen später auf 15 Zentimeter aus. Besser ist jedoch die Vorkultur im Haus beziehungsweise das Pflanzen im Mai (Petersilie keimt meist erst nach 3 bis 4 Wochen). Kräftige vorkultivierte Jungpflanzen bekommen Sie auch im Fachhandel. Anbau in Gefäßen: Petersilie kann problemlos in Töpfe oder Balkonkästen gesät oder gepflanzt werden. Kombinieren Sie sie mit anderen Kräutern oder mit Sommerblumen. Für frisches Grün am winterlichen Fenster: Im Oktober oder November die Pflanzen ausgraben und in Töpfe mit 10 bis 12 Zentimeter Durchmesser setzen. Bei Zimmertemperatur treiben sie bald frisches Grün nach und können in den folgenden Monaten mehrfach beerntet werden.

■ Worauf muss ich achten?

Düngen Sie im Frühjahr und nach der Ernte mit Kompost oder organischem Dünger.

■ Wann kann ich ernten?

Von Mai bis November kann das Laub nach Bedarf geerntet werden; am besten mit der Schere abschneiden oder abzupfen. Die Blätter frisch und roh verwenden und erst am Schluss den Speisen hinzufügen. Sie können sie auch gut einfrieren, während sie beim Trocknen an Geschmack verlieren. Nach der Blüte sind die Blätter ungenießbar.

■ Welche Sorten gibt es?

Es gibt krausblättrige Sorten wie 'Mooskrause' oder 'Afrodite' und glatte Sorten, die meist etwas aromatischer sind ('Gigante d'Italia', 'Hamburger Schnitt 2'); auch Saatscheiben sind erhältlich.

■ Wie kann ich meine Pflanzen schützen?

Petersilie ist anfällig für den Befall der Möhren-fliege, deshalb ist Mischkultur (zum Beispiel mit Zwiebeln) ratsam. Auch sollte sie nicht immer am gleichen Standort angebaut werden – wechseln Sie diesen von Jahr zu Jahr.

Pfefferminze

Mentha x piperitanum crispum

 Mai bis Juli, September/Oktober

 gesamte Vegetationsphase

 Sonne, Halbschatten

Wer hat nicht schon einmal einen Pfefferminztee getrunken und kennt das intensive, belebende Aroma – erfrischend im Sommer, wohltuend im Winter. Seit Jahrtausenden werden Minzen in der Küche und der Medizin genutzt. Ihre Heilwirkung beruht auf dem ätherischen Öl und dessen Hauptkomponente Menthol. Menthol verursacht auf der Haut und den Schleimhäuten ein erfrischend kühlendes Gefühl und setzt das Schmerzempfinden herab. Pfefferminze wirkt darüber hinaus krampflösend, schmerzstillend und desinfizierend. Ein Tee hilft bei Erkältung, Verdauungsstörungen oder Übelkeit, das Kauen von frischen Blättern verleiht einen frischen Atem, ein Fußbad stärkt und belebt. Äußerlich angewendet kann Pfefferminzöl auch Muskelschmerzen lindern.

In der Küche wird es für Süßspeisen, Obstsalate oder Soßen (zum Beispiel für die bekannte Minzsoße zu Lamm), für Bowlen und Cocktails sowie zu Kartoffeln und Geflügel verwendet. Vom Dauergebrauch ist jedoch abzuraten und auch als Gewürz sollte Minze sparsam dosiert werden. Nicht zuletzt ist Pfefferminze ein guter „Gartenwächter": Sie vertreibt Ameisen, Erdflöhe und Kohlweißfliegen.

Die Gruppe der Minzen ist riesig. Es gibt unzählige Arten und Sorten, von denen sich einige nicht eindeutig zuordnen lassen. Aussehen, Geruch und Geschmack sind zudem stark abhängig vom Standort und den Witterungsbedingungen. Da heißt es: ausprobieren!

Wie sieht das aus?
Die mehrjährige, winterharte Pfefferminze gedeiht in Horsten mit bis zu 80 Zentimeter hohen Trieben und weißen Blüten. Sie wächst stark in die Breite und neigt zum Verwildern. Die Blätter sind spitz zulaufend, oval, grün mit rötlich gefärbten Adern.

Was mögen sie?
Die Pfefferminze schätzt einen sonnigen bis halbschattigen Standort mit nährstoffreichem, frischem bis feuchtem Boden (aber keine Staunässe).

Was ist zu tun?
Pfefferminze ist steril und kann deshalb nur durch Kopfstecklinge (Mai bis Juli) oder durch Teilung beziehungsweise durch das Abtrennen von Ausläufern (Mai, September/Oktober) vermehrt werden. Alternativ können Sie auch getopfte Jungpflanzen im Gartenfachhandel kaufen. Anbau in Gefäßen:

Wegen ihres Ausbreitungsdrangs ist es sogar ratsam, sie im Topf zu halten. Achten Sie dabei auf ausreichende Feuchtigkeit und nahrhaftes Substrat.

■ Worauf muss ich achten?
Geben Sie im Frühjahr oder nach der Ernte Kompost und sorgen Sie für ausreichende Wässerung. Hält man die Pfefferminze nicht im Topf, ist es eventuell nötig, sie einzudämmen (zum Beispiel mit einer Wurzelsperre).

■ Wann kann ich ernten?
Die Triebspitzen und Blätter können laufend und je nach Bedarf geerntet werden. Zur Haupternte im Juli die Pflanze vor der Blüte 10 bis 15 Zentimeter über dem Boden ab-schneiden und die Blätter vom Stängel strei-fen. Diese können Sie sowohl trocknen als auch einfrieren.

■ Welche Sorten gibt es?
Am weitesten verbreitet ist die Englische Minze (*M.* x *piperita* 'Mitcham'). Darüber hinaus gibt es unzählige Arten und Sorten, zum Beispiel Apfelminze (*M. suaveolens*) mit Apfelduft und weiß gefleckten Blättern, Grüne Minze (*Mentha spicata* var. *spicata*), Krause Minze (*M.* x *piperita* 'Crispa'), Zitronenminze (*M.* x *piperita* var. *citrata* 'Lemon') mit Limettenaroma, Marokkani-sche Minze (*M. spicata* var. *crispa* 'Marokko') mit einem eher rauchigen Aroma.

Schnittlauch

Allium schoenoprasum

 ab April   **März bis November**   **Sonne, Halbschatten**

Der Klassiker Schnittlauch zählt zu den beliebtesten Würzkräutern und darf in keinem Küchengarten fehlen. Sein würziges Aroma ersetzt das von Zwiebeln und passt deshalb zu vielen Gerichten. Mit den dekorativen Schnittlauchröllchen können Sie frischen Salaten den richtigen Pfiff geben, sie auf Kartoffeln, Fleisch- und Fischgerichte sowie Suppen streuen oder in Kräutersoßen und Kräuterbutter verwenden. Kleiner Deko-Tipp: Die hübschen rosa Blüten sind ebenfalls essbar und sorgen in Salaten oder als Topping für Kräuterquarks für einen dekorativen Farbtupfer.

Das beste Aroma liefert Schnittlauch frisch, doch er lässt sich ebenso gut einfrieren und trocknen. Sie können ihn im Winter aber auch auf der Fensterbank weiterkultivieren und so das ganze Jahr frische Vitamine genießen. Im Beet wird Schnittlauch gern in Reihen gepflanzt. Dank der Wuchsform und der Blüten sieht es besonders attraktiv aus, wenn Sie ihn als Beeteinfassung verwenden.

Wie sieht das aus?
Schnittlauch ist mehrjährig und winterhart, er treibt im Frühjahr also wieder aus. Er wächst grasartig, in dichten Büscheln mit grünen, röhrenförmigen Blättern und wird 20 bis 30 Zentimeter hoch. Die hübschen rosa-violetten Blüten erscheinen in halbkugeligen Köpfchen von Mai bis August.

Was mögen sie?
Schnittlauch mag es sonnig bis halbschattig und gedeiht besonders gut auf feuchten, kalkhaltigen, nährstoffreichen Böden.

Was ist zu tun?
Ab April können Sie – in Reihen oder Horsten – direkt ins Freie (oder ins Frühbeet) säen. Dabei sollten Sie eine Saattiefe von 1 bis 2 Zentimetern und einen Reihenabstand von 25 bis 30 Zentimetern berücksichtigen. Nach der Aussaat andrücken und feucht halten. Ältere Pflanzen können Sie im Frühling oder Herbst teilen und an anderer Stelle neu einpflanzen. Für die Wintertreiberei: den Wurzelballen einer zweijährigen Pflanze im Oktober/November ausgraben, durchfrieren lassen und dann gut durchfeuchtet in ein Gefäß setzen; anschließend im Haus hell bei 20 bis 25 °C aufstellen. Anbau in Gefäßen: Schnittlauch können Sie auch problemlos im Balkonkasten oder in Töpfen aussäen. Für Letztere eignen sich Saatscheiben besonders gut.

■ Worauf muss ich achten?

Halten Sie den Boden gut feucht und geben Sie im Frühjahr Kompostdünger. Darüber hinaus empfiehlt es sich, die Pflanzen alle 2 bis 3 Jahre durch Teilung zu verjüngen.

■ Wann kann ich ernten?

Draußen angebaut, kann der Schnittlauch von März bis November geerntet werden, geschützt angebaut oder im Haus sogar ganzjährig. Dazu die Blätter nach Bedarf zirka 2 Zentimeter über dem Boden abschneiden. Die Blüten sind ebenfalls essbar (nicht aber die Blütenstiele) und eignen sich zum Würzen oder als Garnierung. Die Stängel schmecken vor der Blüte zarter und saftiger, danach derber; deshalb Blüten eventuell abzupfen. Nicht zu stark beernten (maximal ⅔), damit die Pflanze genügend nachtreiben kann.

■ Welche Sorten gibt es?

Großröhrige (zum Beispiel 'Buster' und 'Grolau') sowie mittel- und feinröhrige Sorten, auch als Saatscheiben erhältlich

Powersoße

Wenn die ersten eigenen Kräuter ernterereif sind, ist es Zeit für eine kleine Frühjahrskur – denn Kräuter bringen den wintermüden Körper ordentlich auf Trab. Wie wäre es mit einer kraftvollen „Grünen Soße"? Das ist eine kalte Kräutersoße, die beispielsweise zu gekochtem Fleisch oder Fisch, kaltem Braten, Pellkartoffeln oder Salzkartoffeln gereicht wird. Neben Kräutern enthält sie in der Regel auch Pflanzenöl und Eier beziehungsweise Mayonnaise oder wird auf der Basis von Schmand und saurer Sahne bereitet. In Deutschland ist vor allem die „Frankfurter Soße" bekannt. Traditionell gehören folgende sieben Kräuter hinein: Borretsch, Kerbel, Kresse, Petersilie, Wiesenknopf, Sauerampfer und Schnittlauch. In „Notzeiten" variierte man auch mit Blättern von Löwenzahn, Gänseblümchen oder Breitwegerich. Diese Spezialität finden Sie auch in anderen Ländern: In Italien als „Salsa verde", in Frankreich als „Sauce verte", auf den kanarischen Inseln die „Mojo verde" oder in Mexiko die „Salsa verde".

Mediterrane Kräuter – das Flair des Südens

Mediterrane Kräuter wie Rosmarin, Thymian oder Basilikum zaubern das Flair des Südens auf unseren Tisch. Basilikumpesto, Rosmarinkartoffeln oder Fisch mit Salbeibutter – mit den „Mittelmeer-Kräutern" gelingt der typische Geschmack der südlichen Gerichte aus Ländern wie Frankreich, Spanien, Griechenland und Italien spielend. Gleichzeitig duften die meisten dieser Kräuter so intensiv, dass sie schon im Garten und Topf die Leichtigkeit des „dolce vita" verbreiten. Mit Thymian können Sie beispielsweise ganze Duftwege anlegen, denn die Polster wachsen gut zwischen Steinplatten und versprühen ihren Duft auf Schritt und Tritt. Das große Angebot an mediterranen Kräutern lässt keine Wünsche offen. Wie ihre Herkunft aus Südeuropa schon verrät, sind die „Südländer" besonders wärmebedürftig und brauchen einen warmen, geschützten Standort. Wichtig ist auch ein durchlässiger, etwas sandiger Boden, damit keine Staunässe entsteht. Zu viel Nässe macht ihnen im Winter unter Umständen mehr zu schaffen als die Kälte. Achten Sie auf entsprechende Schutzmaßnahmen oder holen Sie die Kräuter in der kalten Jahreszeit ins Haus.

Oregano

Origanum vulgare

Oregano, auch Dost genannt, ist ebenfalls ein typisch italienisches Gewürz. Es gilt: keine Pizza ohne Oregano. Das feine Aroma passt aber auch ausgezeichnet zu Nudelgerichten, Eintöpfen, Fleisch- und Grillspezialitäten sowie zu Lamm. Als Tee wirkt er schleimlösend und beruhigend bei Magen-Darm-Störungen. Diese anspruchslose, wuchsfreudige Staude macht viele Jahre Freude, für den eigenen Bedarf reicht meist eine Pflanze aus.

■ Wie sieht das aus?
Die mehrjährige Staude wird bis zu 60 Zentimeter hoch. Sie hat kleine, fein behaarte Blätter und hellrosa Blüten, die in der Zeit von Juli bis September erscheinen.

■ Was mögen sie?
Oregano bevorzugt einen sonnigen, warmen Standort mit durchlässigem, nicht zu nährstoffreichem, kalkhaltigem Boden. Staunässe sollte unbedingt vermieden werden.

■ Was ist zu tun?
Ab März können Sie den Oregano geschützt vorziehen (auf der Fensterbank oder im Gewächshaus) und die Jungpflanzen dann im Mai auspflanzen. Ab Mai können Sie auch direkt ins Freiland säen, wobei Sie einen Reihenabstand von 30 Zentimetern einhalten sollten. Den Samen nur andrücken, da Oregano ein Lichtkeimer ist. Ältere Pflanzen können zudem im Frühjahr (April/Mai) geteilt und wieder ausgepflanzt werden. Anbau in Gefäßen: Der Oregano ist gut für die Topfhaltung geeignet, besonders die kompakt wachsenden Sorten. Dabei jedoch auf eine gute Dränage achten, damit keine Staunässe entsteht. Im Winter sollten die Töpfe verpackt und geschützt aufgestellt werden.

■ Worauf muss ich achten?
Auch bei längerer Trockenheit nur zurückhaltend gießen. Oregano ist ein Schwachzehrer, deshalb nur nach der Ernte/Blüte etwas Kompost geben. Schneiden Sie im Frühjahr die Pflanze bis dicht über dem Boden zurück. In rauen Lagen ist ein Winterschutz mit Reisig nötig.

■ Wann kann ich ernten?
Von Mai bis Oktober können Blätter und junge Triebe laufend nach Bedarf geerntet werden. Zur Haupternte im Juli bis September die ganzen Triebe abschneiden, die Blätter von den Stängeln streifen und zum Konservieren trocknen oder einfrieren. Die Blüten können zur Garnierung verwendet werden.

■ Welche Sorten gibt es?
Es gibt auch buschige, klein wachsende Sorten (zum Beispiel 'Compactum') oder buntlaubige Sorten (zum Beispiel den Goldoregano 'Aureum' oder den weiß gefleckten Oregano 'Panta').

Basilikum

Ocimum basilicum

 **März/Mai**    **gesamte Vegetationsphase**   **Sonne**

Vom Trendgewürz ist das Basilikum längst zum Dauerbrenner avanciert und in den meisten Haushalten fester Bestandteil auf dem Fensterbrett, dem Balkon oder im Garten geworden. Frisch gepflückt verleiht er Pizza, Pasta & Co. mediterranes Flair. Ob groß- oder kleinblättrig, mit grünem oder rotem Laub, mit weißen oder purpurfarbenen Blüten – bei der Vielzahl an Sorten findet jeder das Passende. Basilikum hat zudem heilende Kräfte. Es ist aufgrund der aromatischen Inhaltsstoffe appetitanregend, nervenberuhigend, fördert die Fettverdauung

und ist empfehlenswert für Diabetiker, Nieren- und Herzkranke. Basilikum wirkt gegen Bronchitis, Erkältungen, Fieber und Stress. Ein Teeaufguss mit Blättern hilft bei Blähungen. Und schließlich ist Basilikum sogar ein natürliches Mittel gegen lästige Insekten: Es wehrt Schädlinge wie die weiße Fliege oder Lilienhähnchen von anderen Pflanzen ab und hält Fliegen und Mücken von der Wohnung fern, wenn man es in Tür- und Fensternähe aufstellt. Nur eines sollten Sie bei diesem „Südländer" beachten, damit er sich von seiner besten Seite zeigt: Basilikum braucht genug Wärme, um gut zu gedeihen.

■ Wie sieht das aus?
Basilikum wächst einjährig, buschig aufrecht und wird bis 30 Zentimeter hoch. Die glänzend sattgrünen Blätter haben ein intensives Aroma und sind eiförmig bis länglich zugespitzt. Ab Juli zeigen sich kleine weiße Röhrenblüten.

■ Was mögen sie?
Basilikum mag einen warmen, sonnigen und windgeschützten Standort mit lockerem, nährstoffreichem Boden.

■ Was ist zu tun?
Ab März können Sie das Basilikum geschützt im Haus mit Vorkultur heranziehen, die Samen dabei nur andrücken (Basilikum ist ein Lichtkeimer). Die Direktsaat ins Freie ist erst ab Ende Mai möglich, wobei Sie einen Pflanzabstand von 15 x 15 Zentimetern einhalten sollten. Da die Aussaat langwierig ist, empfiehlt es sich, vorgezogene Jungpflanzen zu kaufen und diese frühestens ab Ende Mai auszupflanzen. Anbau in Gefäßen: Basilikum eignet sich gut für Töpfe und Blumenkästen. Es lässt sich auf der sonnigen Fensterbank auch im Winter weiterkultivieren.

■ Worauf muss ich achten?

Der Boden darf nicht austrocknen. Basilikum nur sparsam düngen.

■ Wann kann ich ernten?

Wenn die Pflanze groß genug ist, können Sie laufend nach Bedarf einzelne Blätter abzupfen oder die Triebspitzen abschneiden – dadurch verzweigt sich die Pflanze weiter. Die Haupt-ernte ist im Juni, am besten vor der Blüte. Frisch schmeckt Basilikum zu Tomaten, Salaten und anderen mediterranen Gerichten; nicht mitko-chen, sonst verliert es zu viel Aroma. Sie können Basilikum zum Konservieren in Essig oder Öl einlegen. Die Blüten sind ebenfalls essbar.

■ Welche Sorten gibt es?

Kleinblättrige (zum Beispiel 'Fin vert Compact' oder 'Palla Compatto') und großblättrige Sorten (zum Beispiel 'Genoveser' und 'African Blue'); Sorten mit glatten (zum Beispiel 'Fino Verde') oder krausen Blättern (zum Beispiel 'Rotes Krau-ses') auch sind Sorten mit roten oder purpurfar-ben überlaufenen Blättern (zum Beispiel 'Chianti und 'Bordeaux') sowie Sorten mit fruchtiger beziehungsweise süßlicher Note (zum Beispiel Zitronenbasilikum 'Sweet Lemon', Thai-Basilikum

'Siam Queen' oder 'Thai Magic', Zimtbasilikum 'Cino', erhältlich; die veredelten Sorten sind besonders robust (zum Beispiel 'Baristo Grande').

■ Wie kann ich meine Pflanzen schützen?

Ein Schutz gegen Spätfrost und nächtliche Kälte ist ratsam. Auch ist Basilikum beliebt bei Schnecken. Läuse können mit einem Wasser-strahl entfernt werden.

Pflanzung à la caprese

Tomaten und Basilikum sind nicht nur in der Küche ein Traumpaar, sie ergänzen sich auch beim Anbau bestens und gehen gern eine sommerliche Liason im Topf oder Balkonkasten ein. Basilikum macht die Tomaten stark und wehrt beispielsweise unliebsame Gäste wie Fliegen ab – am bes-ten unterpflanzen Sie Ihre Tomaten gleich mit verschiedenen Sorten. Dann brauchen Sie nur noch Mozarella kaufen – und schon haben Sie alles für den italienischen Sommerklassiker „Salat à la caprese" parat.

Basilikum-
Tomaten-Dip

Zutaten
für 4 Personen

150 g Magerquark
150 g Magermilchjoghurt
2 EL Omega-3-Pflanzenöl, z. B. von Becel
2 EL Tomatenmark
1 Bund Basilikum
1 Frühlingszwiebel
8 grüne gefüllte Oliven
Salz, Pfeffer
evtl. flüssiger Süßstoff

Zubereitung

1. Quark, Joghurt, Pflanzenöl und Tomatenmark glatt rühren.
2. Basilikum waschen, trockenschütteln und
   fein schneiden. Frühlingszwiebel putzen,
   waschen und in feine Ringe schneiden.
   Oliven in Scheiben schneiden. Basilikum,
   Zwiebelringe und Olivenscheiben unter den
   Dip mischen. Mit Salz, Pfeffer und eventuell
   etwas flüssigem Süßstoff abschmecken.

Tipp
Mit Rohkoststiften und
Toastbrot servieren. Der
Dip lässt sich wunderbar
mit Karottenraspeln oder
Schnittlauchröllchen
garnieren.

Lavendel

Lavandula angustifolia

 Februar/Juli   Juni   Sonne

In Frankreich sorgt der Lavendelanbau schon lange für ein einzigartiges Landschaftsbild. Und auch Sie können sich dieses Flair, das leuchtende Farbenspiel und vor allem den Duft der Provence in Ihren Garten holen. Aber Lavendel sieht nicht nur gut aus: Die Blüten schmecken vorzüglich zu Lammgerichten (sparsam verwenden), eignen sich für Süßspeisen, Gebäck oder zum Aromatisieren von Zucker und Likören. Säckchen mit getrockneten Blüten vertreiben im Kleiderschrank sogar Motten.

■ Wie sieht das aus?

Lavendel ist ein immergrüner Halbstrauch, der bis zu 50 Zentimeter hoch wird. Er hat schmale, längliche, graugrüne Blätter; die violettblauen Blüten in dichten Scheinähren erscheinen von Juni bis Juli. Es gibt auch rosafarbene und weiße Sorten.

■ Was mögen sie?

Der Lavendel bevorzugt einen sonnigen, warmen Platz sowie einen nicht zu nährstoffreichen, durchlässigen Boden.

■ Was ist zu tun?

Eine Aussaat ist möglich (ab Februar am Fensterbrett), Lavendel keimt jedoch sehr langsam. Besser funktioniert die Vermehrung über Stecklinge im Juli/August. Oder Sie kaufen Topfpflanzen im Gartenfachhandel und pflanzen diese im Frühjahr ein. Anbau in Gefäßen: Lavendel gedeiht sehr gut auch im Topf.

■ Worauf muss ich achten?

Schneiden Sie Lavendel nach der Blüte zurück (oder im Frühling vor dem Austrieb); danach (im Frühling) düngen. In rauen Lagen benötigt er einen Winterschutz.

■ Wann kann ich ernten?

Die Blüten werden geerntet, kurz bevor sie sich öffnen (Juni), und können dann frisch oder getrocknet verwendet werden. Junge, frische Blätter können Sie ebenfalls verwenden und sie beispielsweise an Fisch, Geflügel oder Eintopf geben.

■ Welche Sorten gibt es?

'Munstead' (frühe Blüte), 'Hidcote' und 'Dwarf Blue' (niedriger Wuchs), 'Alba' (weiß), Schopflavendel (L. stoechas ssp. stoechas; süßes Aroma, kälteempfindlicher)

Wellness mit Kräutern

Mit Kräutern können Sie sich nicht nur innerlich etwas Gutes tun. Sie eignen sich auch für die äußerliche Anwendung. Wie wäre es beispielsweise mit einem entspannenden Kräuterbad, heilenden Cremes und Salben oder einem Duftpotpourri, das Sie alle Sorgen vergessen lässt?

Entspannung im Bad

Am einfachsten ist die direkte Verwendung als **Badezusatz**. Streuen Sie frisch gepflückte Kräuter wie Lavendel, Rosmarin, Melisse oder Kamille ins Badewasser. Oder füllen Sie sie in ein Stoffsäckchen, das ins Wasser beziehungsweise unter den Wasserstrahl beim Einlassen des Badewassers gehängt wird. Selbst gemachtes Badesalz können Sie länger aufbewahren. Mischen Sie dazu hochwertiges, grobes Meersalz mit den gewünschten Kräutern und füllen Sie das Ganze in hübsche Schraubgläser. Das ist auch ein schönes Mitbringsel für andere Gartenfreundinnen.

Kräuterseifen bringen Reinheit und Duft ins Bad. Nehmen Sie dazu milde, parfümfreie Körperseife als Basis, raspeln diese in feine Flocken und erwärmen sie im Wasserbad (stetig rühren, bis sie flüssig ist). Dazu geben Sie klein gehackte, getrocknete Kräuter (zum Beispiel Lavendel, Kamille, Rosmarin, Duftpelargonien), etwas Kräutersud und eventuell ein paar Tropfen ätherisches Öl. Wenn die Masse abkühlt, können Sie Kugeln oder Stücke formen und in Klarsichtfolie verpacken. Lassen Sie die Seifenstücke an einem warmen Ort einige Stunden trocknen. Auch **Körperöle** lassen sich mit Kräutern aufwerten.

Bei Stichen, Verbrennungen oder anderen Hautirritationen reicht es manchmal schon, wenn Sie zerriebene Blätter oder Blüten (zum Beispiel von der Zitronenmelisse oder der Ringelblume) auf die betroffenen Stellen legen. Intensiver in der Wirkung und zudem länger haltbar sind **Cremes und Salben** mit Kräutern. Als Grundlage können Sie eine Mischung aus Öl und Bienenwachs, eventuell ergänzt mit Kakaobutter oder Lanolin, ansetzen. Noch einfacher geht es mit Vaseline als Basissubstanz. Die Mischung wird erwärmt und mit frischen oder getrockneten Kräutern ergänzt.

Lavendel – ein Allround-Talent fürs Wohlbefinden

Füllen Sie Stoffsäckchen je nach Ihren persönlichen Vorlieben mit Duftkräutern und hängen Sie sie im Haus auf.

Dann hält man sie mehrere Stunden warm und rührt sie immer wieder um. Danach wird die Substanz gefiltert und man lässt sie unter weiterem Rühren abkühlen. Anschließend kann sie in Schraubgläser gefüllt und kühl und lichtgeschützt gelagert werden.

Kräuterduft

Düfte wecken in jedem von uns andere Gefühle und erzeugen unterschiedliche Stimmungen. Wählen Sie deshalb einfach das Kraut aus, von dem Sie denken, dass es am besten zu Ihnen passt – oder Sie machen gleich ein ganzes Potpourri. Kräuterduft zieht entweder als frischer Strauß in einer Vase ins Haus ein oder Sie trocknen die Kräuter (siehe Seite 65) und verpacken sie in individuell gestaltete **Duftsäckchen**. Verwenden Sie dafür einen Baumwollstoff oder einen Gazestoff, durch den die Kräuter noch durchschimmern. Die Duftsäckchen können dann nach Belieben in der Wohnung aufgehängt werden. Aufgestellte Schalen mit Kräutern aromatisieren die Raumluft ebenfalls.

Eine alte Tradition ist das **Räuchern** mit Kräutern – in manchen Kulturen mit Ritualen verbunden, bei uns jedoch vor allem für die

Raumbeduftung eingesetzt. Verwenden Sie dazu ein feuerfestes Räuchergefäß, das möglichst keine Wärme an die Unterlage, auf der es steht, abgibt. Nun können Sie entweder die Kräuter im Mörser pulverisieren und in ein glühendes Räucherkohlestück (aus dem Fachhandel) füllen, in dem sie verglimmen, oder Sie stellen etwas aufwändigere Glimmstängel her. Für letztere Variante schnüren Sie die Blätter als enge Kräuterbündel mit Baumwollfaden sehr dicht zusammen. Die Stängel müssen sehr trocken sein, damit sie in der Räucherschale verglimmen können.

Rosmarin

Rosmarinus officinalis

 **Frühjahr**　　 **gesamte Vegetationsphase**　　 **Sonne**

Noch ein anspruchsloser, aber wärmeliebender Klassiker aus den südlichen Gefilden: Rosmarin schmeckt zu Gemüse, Kartoffeln, Fleisch und Fisch (gegrillt, gebraten oder geschmort) und ist gut für Grillmarinaden und Würzöle geeignet. Aufgrund seiner enormen Würzkraft überdeckt er jedoch leicht andere Aromen, weshalb er eher sparsam verwendet werden sollte. Damit sich sein Aroma voll entfaltet, wird Rosmarin mitgekocht oder -gegart (die Triebe vor dem Servieren wieder entfernen). Rosmarinzweige machen sich zudem gut in Dekorationen und verbreiten in Kräutersträußen und -kränzen eine „dufte Stimmung". Darüber hinaus ist Rosmarin ein wichtiges Kraut für die Behandlung von niedrigem Blutdruck. Ein Rosmarinbad wirkt kreislaufanregend und ausgleichend auf das Nervensystem.

■ **Wie sieht das aus?**
Der immergrüne Halbstrauch wird bis zu 70 Zentimeter hoch und hat nadelartige, oberseits glatte, dunkelgrüne Blätter. Kleine hellblaue Blüten erscheinen von März bis Mai.

■ **Was mögen sie?**
Rosmarin gedeiht am besten an einem warmen, sonnigen Standort mit durchlässigem, eher kargem Boden. Da er frostempfindlich ist, benötigt er einen geschützten Winterstandort beziehungsweise Winterschutz.

■ **Was ist zu tun?**
Die Aussaat ist schwierig. Am besten kaufen Sie vorgezogene Topfpflanzen und pflanzen diese im Frühjahr oder vermehren Rosmarin mithilfe von Stecklingen. Anbau in Gefäßen: Die Topfkultur ist hier sogar ratsam, da der Rosmarin so problemlos im Haus – hell und kühl – überwintert werden kann. Verwenden Sie ein sandiges, humoses Substrat.

■ **Worauf muss ich achten?**
Schneiden Sie den Rosmarin regelmäßig im späten Frühjahr (nach der Blüte) zurück und entfernen Sie abgestorbene Triebe. Das fördert einen kompakten Wuchs.

■ **Wann kann ich ernten?**
Die Ernte ist das ganze Jahr über möglich. Frische Blätter, Triebspitzen oder auch ganze Triebe nach Bedarf abschneiden und mitgaren. Zum Konservieren die ganzen Stängel abschneiden, trocknen und in Gläsern verwahren. Die Blüten sind essbar und können zum Beispiel als Garnierung dienen (nur frisch).

■ **Welche Sorten gibt es?**
Es gibt auch hängende Formen für die Kultur in Ampeln und Balkonkästen (zum Beispiel ‚Capri'). Die Sorten ‚Arp' und ‚Hill Hardy' sind relativ winterfest.

Rosmarin-Eis
auf Baiser

Zutaten
für 6 Personen

3 EL kalt gepresstes Olivenöl,
z. B. Bertolli Gentile
Schale von ½ unbehandelten Zitrone
500 ml Milch
50 ml süße Sahne
80 g Zucker
60 g Traubenzucker
50 g Crème fraîche
2 Zweige Rosmarin (ca. 10 cm)
100 g Baiser (Eiweiß-Schaum-Gebäck)
etwas Rosmarin zum Garnieren

Zubereitung

1. Olivenöl und Zitronenschale mischen und beiseitestellen.
2. Milch, Sahne, Zucker und Traubenzucker in einen Topf geben und erhitzen. Crème fraîche hinzufügen und aufkochen. Rosmarinzweige waschen, trockenschütteln und in die heiße Milch geben. Alles eine Stunde ziehen lassen.
3. Rosmarinzweige entfernen, Milch abkühlen lassen und in einen flachen Behälter oder eine Schüssel füllen (am besten aus Metall). Die Masse für ca. vier Stunden ins Gefrierfach stellen. Dabei mehrmals umrühren.
4. Baiser grob zerkrümeln und auf sechs Schälchen verteilen. Vom Eis kleine Nocken abstechen und auf die Baiserkrümel setzen. Etwas Zitronenöl darüberträufeln, mit Rosmarin garnieren und sofort servieren.

Salbei *Salvia officinalis*

 **März/Mai**    **ganzjährig**   **Sonne**

Salbei ist eine sehr arten- und sortenreiche Gattung, in der man zwei große Gruppen unterscheidet: Gewürzsalbei und Fruchtsalbei. Der leicht bittere, kampferartige Geschmack von Gewürzsalbei ist markant und kann sehr dominant sein. Die Blätter verwendet man unter anderem in Soßen, Gewürzöl, Kräuterbutter (auch die Blüten), für Nudel-, Fisch- und Fleischgerichte (zum Beispiel für Kalb und Lamm) oder für Eintöpfe. Als Heilpflanze wirkt Salbei verdauungsfördernd, entzündungshemmend und desodorierend (Fußbäder). Das Wort „heilen" steckt schon in seinem Namen (lat. salvare = heilen). Ein Tee aus den Blättern hilft bei Halsschmerzen (damit gurgeln) oder bei Entzündungen im Mund- und Rachenraum. Die schmucken, je nach Sorte unterschiedlich gefärbten Blätter machen ihn auch zu einem optischen Highlight im Beet oder Balkonkasten.

■ Wie sieht das aus?
Salbei ist ein mehrjähriger Halbstrauch, der bis zu 60 Zentimeter hoch wächst. Die aromatischen Blätter sind graugrün (silbrig) und länglich-oval. Von Juni bis August erscheinen blauviolette Lippenblüten.

■ Was mögen sie?
Salbei schätzt einen sonnigen, warmen, trockenen Standort mit durchlässigem, kalkhaltigem, nicht zu nahrhaftem Boden.

■ Was ist zu tun?
Ab Mitte März können Sie den Salbei geschützt vorziehen und im Mai auspflanzen beziehungsweise ihn direkt ins Freie säen. Die Aussaat ist jedoch eher schwierig. Daher empfiehlt es sich, den Salbei im Sommer über Stecklinge zu vermehren oder ältere Pflanzen im Frühjahr zu teilen. Anbau in Gefäßen: Salbei gedeiht wunderbar in Töpfen und Balkonkästen. Unterschiedliche Sorten sorgen hier für farbliche Abwechslung.

■ Worauf muss ich achten?
Schneiden Sie die Pflanze im Frühjahr zurück. In rauen Lagen sollten Sie den Salbei im Winter schützen (anhäufeln, mit Reisig bedecken).

■ Wann kann ich ernten?

Es können ganzjährig frische, junge Blätter und Triebspitzen geerntet werden, am besten kurz vor der Blüte. Vor dem Winter sollten Sie allerdings nicht zu viel Blattmasse entfernen, da diese als Winterschutz für die Triebe dient. Die Blätter werden mit den Speisen mitgekocht. Zum Konservieren werden sie getrocknet und luftdicht gelagert. Die Blüten sind ebenfalls genießbar.

■ Welche Sorten gibt es?

Es gibt Sorten mit unterschiedlichen Laubfarben, zum Beispiel rotbraun ('Purpurascens'), weiß-purpur-grau ('Tricolor'), weiß-bunt ('Creme de la creme'), gelb-bunt ('Aureovariegata') oder goldgelb ('Aurea').

 ## Fruchtsalbei

Es gibt darüber hinaus auch viele Salbeiarten und -sorten mit einem fruchtig-frischen Aroma (zum Beispiel Ananas-, Marzipan- oder Pfirsichsalbei). Diese Fruchtsalbeiarten wachsen etwas höher und buschig bis sparrig. Sie sind meist nicht winterhart und deshalb besser im Topf zu kultivieren. Die Blätter und Blüter passen hervorragend zu Joghurt, Quark und Obstsalaten. Sie werden darüber hinaus auch zum Aromatisieren von Konfitüren und Zucker genutzt oder für süßsaure Gerichte verwendet.

Thymian

Thymus vulgaris

 April

 ganzjährig

 Sonne

Thymian verbreitet gern sein Aroma – meist genügt schon eine kleine Berührung. Im Garten können Sie mit der bodendeckenden Aromapflanze einen Duftrasen anlegen oder sie in Fugen zwischen Trittplatten oder einer Natursteinmauer sprießen lassen, was Genuss auf Schritt und Tritt verspricht. Thymian kommt auch bestens in Gefäßen zur Geltung. Und als Strauß zum Trocknen aufgehängt, verbreitet er seinen Duft in der Küche, bis er zum Einsatz kommt. Als typisches provencalisches Gewürz können Sie es für Fleischgerichte, Marinaden, mediterrane Gemüsegerichte, für Zubereitungen mit Schafskäse oder für Kräuterbutter verwenden. Als Kräutertee hilft er bei Magen- und Verdauungsproblemen und wirkt schleimlösend.

■ Wie sieht das aus?
Der immergrüne mehrjährige Halbstrauch wächst flach und wird bis zu 20 Zentimeter hoch. Er hat kleine, rundliche, mittelgrüne Blättchen. Die winzigen – hellrosa oder weißen – Blüten erscheinen im Juni bis August.

■ Was mögen sie?
Thymian mag einen warmen, sonnigen, eher trockenen Standort mit einem durchlässigen, am besten sandigen Boden.

■ Was ist zu tun?
Thymian können Sie ab April direkt ins Freie säen. Dabei den Samen nur andrücken (Thymian ist ein Lichtkeimer) und einen Pflanzabstand von 15 x 15 Zentimetern einhalten. Im Sommer ist auch eine Vermehrung durch Stecklinge möglich, im Frühjahr (April/Mai) durch Absenker. Anbau in Gefäßen: Die Kultur im Topf gedeiht problemlos und ist in Balkonkästen aufgrund des überhängenden Polsterwuchses ein schöner Blickfang.

■ Worauf muss ich achten?
Schneiden Sie den Thymian im Frühjahr leicht zurück, um den Neuaustrieb zu fördern. Ein kräftiger Schnitt nach der Blüte fördert zudem einen kompakten Wuchs und die Verjüngung der Pflanze. In rauen Lagen ist ein Winterschutz mit Reisigabdeckung notwendig (Thymian reagiert im Winter empfindlich auf Nässe).

■ Wann kann ich ernten?
Die Ernte der jungen Triebspitzen und Blättchen ist das ganze Jahr über möglich (Hauptzeit Mai bis September), am aromatischsten schmecken sie jedoch kurz vor der Blüte. Beide können sowohl frisch als auch getrocknet verwendet werden. Die Blüten sind ebenfalls essbar.

■ Welche Sorten gibt es?
Im Handel sind diverse Arten und Sorten mit verschiedenen Laubfarben und Geschmacksrichtungen erhältlich, zum Beispiel der Silberthymian ('Silver Queen'), der Zitronenthymian (*T. x citriodorus*; hellgrüne, gelbgrüne, silbergrüne Sorten), der Orangenthymian (*T. fragrantissimus*) oder der Kümmelthymian (*T. herba-barona*).

Zitronenmelisse

Melissa officinalis

 **März/Mai**

 gesamte Vegetationsphase

 **Sonne**

Die ursprünglich aus Südeuropa kommende Zitronenmelisse verbreitet beim Zerreiben einen leicht zitronenartigen Geruch, der ihr auch ihren Namen eingebracht hat. Sie duftet aber nicht nur gut, sondern hat zudem einen luftig-leichten Geschmack, der hervorragend zu Salaten, Soßen, Fisch, Desserts, Obstsalaten, Likören oder Bowlen passt. Als Heilpflanze hat sie eine lange Tradition. Im Mittelalter gab es sogar Verordnungen, die den Anbau im Klostergarten vorschrieben, weil die vielfältige Heilwirkung als sehr wertvoll und unentbehrlich erachtet wurde. Ihr Haupteinsatzgebiet in der Heilkunde ist die Beruhigung des Nervensystems. So verschafft Zitronenmelisse als Tee oder Badezusatz Entspannung und hilft gegen Kopfschmerzen und Nervosität.

◼ Wie sieht das aus?
Die dicht und buschig wachsende, mehrjährige Melisse wird bis zu 1 Meter hoch. Ihre Blätter sind eiförmig-rundlich und gleichmäßig gezähnt. Im Juli und August erscheinen rosaweiße Lippenblüten.

◼ Was mögen sie?
Der Standort sollte sonnig sein mit einem humusreichen, leicht feuchten, nährstoffreicher Boden (keine Staunässe).

◼ Was ist zu tun?
Am besten säen Sie die Zitronenmelisse ab März geschützt am Fenster aus. Die Samen jedoch nur andrücken, da sie ein Lichtkeimer ist. Ab Mai können Sie dann die Jungpflanzen ins Freie auspflanzen. Auch eine Vermehrung durch Teilung im Frühjahr (Mai) oder Spätsommer (September/Oktober) ist möglich, ebenso die Vermehrung mithilfe von Stecklingen. Anbau in Gefäßen: Die Zitronenmelisse gedeiht auch gut in Töpfen und Blumenkästen. So lassen sich die Pflanzen zudem problemlos in „Nasennähe" aufstellen.

◼ Worauf muss ich achten?
Melisse mit Kompost versorgen und junge Triebe immer wieder zurückschneiden (3 bis 4 Mal pro Jahr). Sie bildet Ausläufer und ist sehr wüchsig.

◼ Wann kann ich ernten?
Die jungen Blätter und Triebspitzen können laufend geerntet – am besten vor der Blüte – und frisch oder getrocknet verwendet werden (nicht mitkochen). Zum Trocknen ganze Triebe bodennah abschneiden. Zitronenmelisse lässt sich auch gut durch Einfrieren oder Einlegen in Öl konservieren.

◼ Welche Sorten gibt es?
Sorten mit andersfarbigem Laub, zum Beispiel 'Aurea' (gelblaubig), 'Variegata' (weißbunt), 'Limoni' (besonders intensives Zitronenaroma)

KAPITEL 5

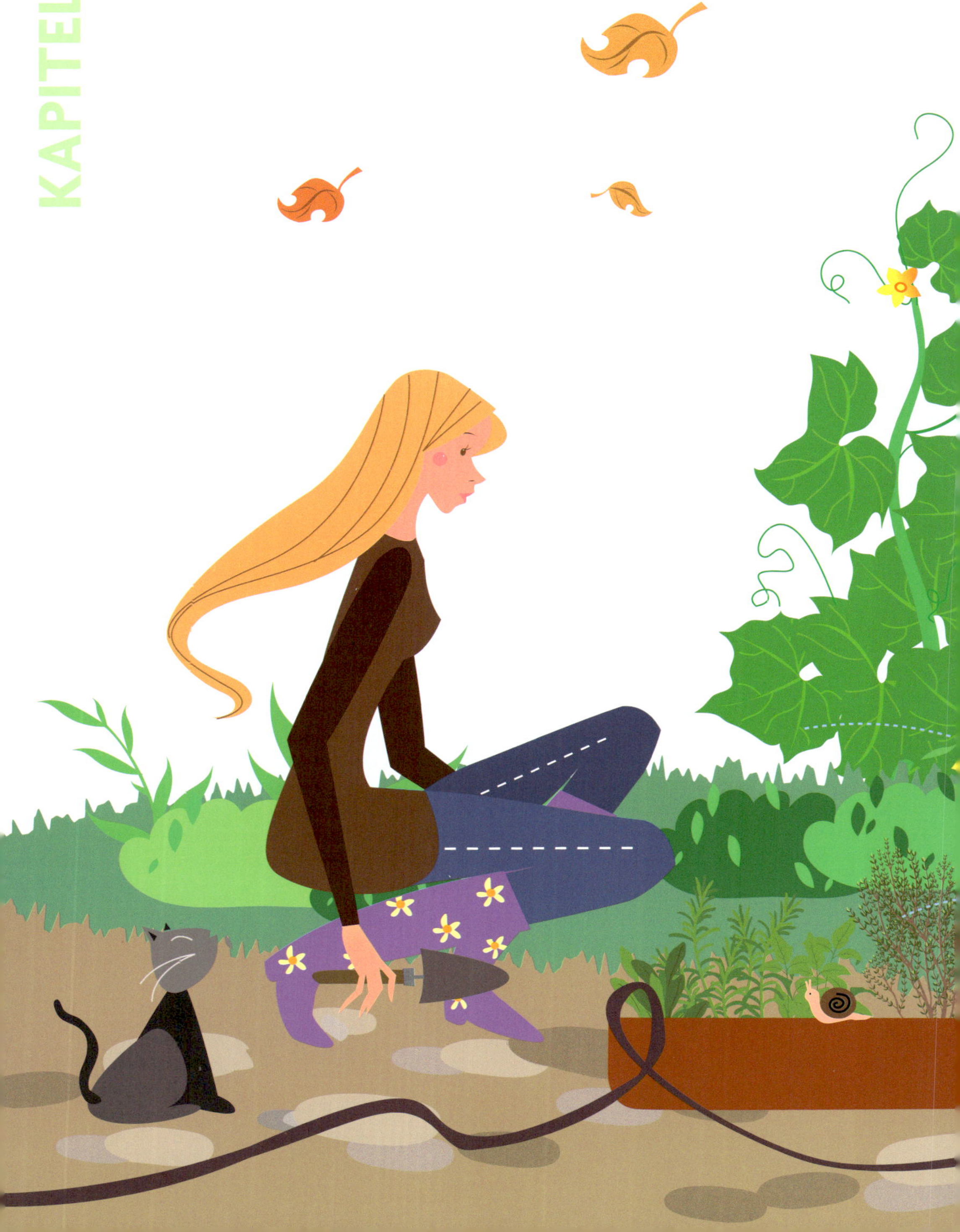

Praxiswissen kompakt

Ganz von allein und ohne Pflege geht es leider nicht. Aber mit ein paar bewährten Praxistipps und dem richtigen Kniff bekommen Sie Ihren Garten problemlos (und stressfrei!) in den Griff. Damit Sie während des Jahres stets den Überblick behalten, finden Sie in diesem Kapitel einen Kalender in dem die wichtigsten Arbeiten für die jeweilige Saison zusammengestellt sind. Und keine Angst vor ungebetenen Gästen, die Ihren Pflanzen an den Kragen wollen — mit den entsprechenden Gegenmaßnahmen und der richtigen Sortenwahl können Sie Ihre Zöglinge schützen.

So schützen Sie
Ihre Pflanzen

Trotz guter Pflege lassen sich Schädlinge und Krankheiten im Nutzgarten nicht immer vermeiden. Deshalb heißt es: Augen auf und im Fall des Falles entschlossen einschreiten! Kontrollieren Sie Ihre Pflanzen regelmäßig auf Krankheiten und Schädlinge sowie deren Eigelege. Auch die Blattunterseiten nicht vergessen.

Vorbeugen und stärken: Die wichtigsten Voraussetzungen für gesunde Pflanzen sind der artgerechte Anbau gemäß den Standortansprüchen sowie eine optimale Wasser- und Nährstoffversorgung, denn vitale Pflanzen sind widerstandsfähiger gegen Schädlinge und Krankheiten. Wählen Sie zudem robuste und widerstandsfähige Sorten, die gegen bestimmte Krankheiten von Haus aus resistent sind. Pflanzen Sie nicht zu dicht und beachten Sie die Grundsätze der Mischkultur (siehe Seite 16). Am besten gießen Sie nur morgens oder abends und wässern direkt am Boden (feuchte Blätter bieten ideale Bedingungen für Pilze). Darüber hinaus können Sie die Pflanzen mit Stärkungsmitteln unterstützen, zum Beispiel mit einer Pflanzenbrühe aus Ackerschachtelhalm, Rainfarn oder Brennnessel. Entsprechende Präparate finden Sie auch im Gartenfachhandel.

Abwehren und fangen: Schädlinge wie Gemüsefliegen oder gefräßige Vögel lassen sich zum Beispiel durch Pflanzenschutznetze, die über die Gemüsejungpflanzen ausgelegt werden, abhalten. Schnecken halten Sie mit einem Schneckenzaun auf, während Pheromonfallen, Leimringe oder Farbtafeln Schädlinge wie die Maden vom Apfelwickler, Spinnmilben oder Kirschfruchtfliegen in die Falle locken.

Behandeln: Liegt ein leichter Befall vor, hilft das Entfernen der Schädlinge (abstreifen, absammeln, abspritzen), das Herausschneiden der erkrankten Pflanzenteile oder das Entfernen der gesamten kranken Pflanze, um den Schaden einzudämmen und eine weitere Ausbreitung zu verhindern. Entsorgen Sie die kranken Teile nicht auf den Kompost, sondern mit dem Hausmüll.

Natürlich bekämpfen: Nützliche Insekten (und deren Larven) wie Marienkäfer, Florfliegen oder Schwebfliegen sollten Sie fördern – sie vertilgen gefräßige Schädlinge wie beispielsweise Blattläuse. Auch Spinnen, Amphibien, Vögel und Igel sind fleißige „Schädlingsjäger". Im Gewächshaus können Sie sogar gezielt Nützlinge wie Nematoden einsetzen (entsprechende Bestell-Sets gibt es im Gartenfachhandel).

Marienkäfer sind ein toller biologischer Pflanzenschutz – fördern Sie sie.

Unkräuter werden durch regelmäßiges Hacken eingedämmt (was auch gut für den Boden ist) oder ausgestochen. Eine Mulchschicht beziehungsweise ein Vlies beugt Unkrautwuchs ebenfalls vor; auf keinen Fall sollten Herbizide eingesetzt werden.

Chemisch bekämpfen: Pflanzen, die verzehrt werden, sollten Sie generell nicht mit chemischen Mitteln behandeln. Doch manchmal geht es leider nicht anders, um die Pflanzen zu erhalten oder einen sehr starken Befall zu bekämpfen. Verwenden Sie in diesem Fall nur Präparate, die für den Haus- und Kleingartengebrauch erlaubt sind und speziell für Nutzpflanzen empfohlen werden. Achten Sie dabei auf nützlingsschonende Präparate. Lassen Sie sich auf jeden Fall fachkundig beraten und halten Sie die Hinweise zur Anwendung streng ein. Bewahren Sie chemische Präparate grundsätzlich außer Reichweite von Kindern und Haustieren auf.

Häufige Krankheiten und Schädlinge an Gemüse und Kräutern

Krankheit	Schadbild	Vorbeugen	Behandeln
Blattläuse	Grüne, schwarze oder rötliche Läuse saugen an Triebspitzen, den Unterseiten junger Blätter oder Knospen; Blätter und Triebe kräuseln sich und vergilben. Die Honigtauausscheidungen der Läuse (klebriger Belag) locken Ameisen an und fördern die Ansiedlung von Rußtaupilzen.	Nützlinge (zum Beispiel Florfliegen, Marienkäfer) und Vögel fördern; Bohnenkraut oder Kapuzinerkresse pflanzen; Pflanzen stärken, jedoch nicht überdüngen.	Absammeln, befallene Triebe abschneiden; Brennesseljauche spritzen; nützlingsschonende Präparate einsetzen.
Gemüsefliegen (Kohl-, Möhren-, Zwiebel-, Bohnenfliege)	Die Fliegen legen ihre Eier an verschiedenem Gemüse ab, die Larven (weiße Maden) verursachen Fraßschäden (Fraßgänge) an Wurzeln und Stängeln.	Gemüsepflanzen im Frühjahr mit Schutznetz abdecken; Pflanzenstärkungsmittel verabreichen.	Befallene Pflanzen entfernen.
Grauschimmel	Pilz, der sich bei feuchter Witterung ausbreitet; dichter grauer Schimmelrasen, befallene Früchte faulen schnell.	Pflanzen nicht zu dicht setzen; ideale Wuchsbedingungen schaffen.	Befallene Früchte oder Blätter sofort entfernen.
Kraut- und Braunfäule	Pilzkrankheit, die bei feuchter Witterung an Tomaten und Kartoffeln auftritt; braune, runzelige Flecken an den Früchten; Blätter werden braun, verwelken und sterben ab.	Blätter beim Gießen trocken halten; Tomaten regengeschützt anpflanzen; alte vergilbte Blätter ausbrechen; nicht zu dicht pflanzen.	Kranke Pflanzenteile abpflücken und vernichten; eventuell Pilzbekämpfungsmittel einsetzen.

Häufige Krankheiten und Schädlinge an Gemüse und Kräutern

Krankheit	Schadbild	Vorbeugen	Behandeln
Mehltau (Echter und Falscher)	Runde Blattflecken, weißlich-mehliger, abwischbarer Belag blattoberseits (Echter Mehltau, vermehrt sich bei sonnigem Wetter) oder graubrauner Belag blattunterseits (Falscher Mehltau, vermehrt sich bei feuchtem Wetter), auch an Stängeln und Früchten.	Pflanzenstärkungsmittel verabreichen; Pflanzen nicht zu dicht setzen; Pflanzen beim Gießen nicht benetzen; ausgewogen düngen; resistente Sorten wählen.	Befallene Blätter beziehungsweise die ganze Pflanze entfernen und vernichten.
Raupen	Vor allem die grau- oder gelbgrünen Kohlweißlingsraupen fressen Blätter von Kohlarten und Rettich; Kahlfraß bis auf die Blattrippen.	Vögel und Schlupfwespen fördern; Mischkultur mit Tomaten und Sellerie.	Raupen und Eigelege absammeln.
Schnecken	Nacktschnecken sind die lästigsten Schädlinge im Gemüsegarten; sie fressen junge, zarte Blätter, Triebe und Früchte; zum Teil Kahlfraß; typische Schleimspuren.	Schneckenzaun, Barrieren aus Sand oder Sägespänen; Nützlinge wie Igel und Kröten fördern.	Schnecken und Eigelege absammeln und vernichten. Schneckenkorn streuen. Lockfallen aufstellen.
Wühlmäuse	Graben unterirdische Gänge mit hochovalem Querschnitt; Wurzeln und Knollen sind angefressen; Pflanzen welken und sterben ab.	Stark riechende Pflanzenteile (zum Beispiel Knoblauch) setzen oder Vergrämungsmittel aus dem Fachhandel ausbringen; bei Obstbaumneupflanzungen den Wurzelballen mit Maschendraht schützen.	Die Tiere immer wieder „stören", zum Beispiel Gänge aufgraben und zerstören; eventuell Wühlmausfallen einsetzen.

Unerwünschte Gäste – die Raupen von Schmetterlingen wie dem Kohlweißling

Häufige Krankheiten und Schädlinge an Obst

Krankheit	Schadbild	Vorbeugen	Behandeln
Frostspanner	Die grünlichen Raupen dieser Falter verursachen Lochfraßschäden an Knospen, Blättern und Blüten; oft spinnen sie sich an den Blättern ein.	Leimringe anbringen, auf denen die Weibchen auf dem Weg zur Eiablage kleben bleiben.	Bei starkem Befall Pflanzenschutzpräparat spritzen.
Frostrisse	Entstehen im Spätwinter bei starken Temperaturschwankungen; Baumrinde platzt auf und reißt.	Baumstämme mit weißem Kalkanstrich versehen.	Lockere Rinde entfernen, glatt schneiden, mit Wundverschlussmittel bestreichen.
Kräuselkrankheit	Pilzkrankheit bei Pfirsich und Aprikose; blasig aufgetriebene Blätter kurz nach dem Austrieb; hellgrüne oder rötliche Deformationen; vorzeitiger Laub- und Fruchtfall.	Resistente Sorten wählen; Pflanzenstärkungsmittel; Kupferpräparate.	Befallene Blätter entfernen, bevor sie abfallen.
Monilia-Fruchtfäule	Pilzkrankheit, Infektion über Verletzungen der Früchte; faulende Stellen an reifenden Früchten, kreisrunde, helle Pilzpolster; befallene Früchte schrumpeln ein und verbleiben teilweise als Fruchtmumien am Baum.	Pflanzenstärkungsmittel; Verletzungen vermeiden.	Befallene Früchte und Fruchtmumien entfernen und vernichten.
Narren-/Taschenkrankheit	Pilzkrankheit bei Pflaumenbäumen; verursacht deformierte Früchte („Taschen"), die grün und hart bleiben; später gräulicher Pilzrasen auf den Früchten.	Widerstandsfähige Sorten wählen; Kronen regelmäßig auslichten.	Befallene Früchte entfernen und vernichten.
Obstbaumkrebs	Pilzkrankheit bei Apfel- und Birnenbäumen, Infektion über Wunden; krebsartige Wucherungen an Stamm und Zweigen; Pflanzenteile oberhalb des Befalls können absterben.	Regelmäßiger sachgerechter, sauberer Schnitt; Wunden mit Wundverschlussmittel behandeln.	Krebsstellen bis ins gesunde Holz ausschneiden und verschließen.
Schorf	Pilzkrankheit bei Apfel- und Birnenbäumen, besonders bei feuchtwarmer Witterung; braunschwarze Flecken auf der Blattoberseite, später auch braune Flecken auf den Früchten; eventuell vorzeitiger Laubabwurf.	Kronen regelmäßig auslichten; resistente Sorten pflanzen; Pflanzabstände einhalten.	Vor der Blüte zugelassenes Pilzbekämpfungsmittel spritzen. Infiziertes Laub entfernen.
Spinnmilben	Winzige, spinnenähnliche Schädlinge, die starke Saugschäden verursachen bis hin zum Blattabwurf.	Unkräuter regelmäßig entfernen, denn diese werden als Erste befallen.	Befallene Blätter entfernen; im Gewächshaus Raubmilben einsetzen; bei starkem Befall nützlingsschonende Präparate einsetzen.

Ihr persönlicher Arbeitskalender

März
April

	Januar/Februar	März
Allgemein	■ Neue Ideen sammeln (aus Gartenbüchern, Zeitschriften, Katalogen) ■ Einen Anbauplan entwerfen ■ Saatgut auswählen und bestellen/kaufen ■ Utensilien für die Aussaat vorbereiten ■ Vorräte kontrollieren und gegebenenfalls ergänzen ■ Gartengeräte überprüfen und reinigen (falls nicht schon vor dem Winter geschehen) ■ Winterschutzabdeckungen kontrollieren, an warmen Tagen lockern	■ Beete vorbereiten ■ Kompost ausbringen ■ Boden lockern und eventuell testen/verbessern ■ Geschützte Vorkultur von Gemüse und Kräutern anlegen ■ Erste Aussaaten pikieren ■ Schnecken und Schneckeneier absammeln und vernichten ■ Gewächshaus und Frühbeet regelmäßig lüften
Gemüse	■ Wintersalate und -gemüse (Grünkohl, Mangold etc.) ernten ■ Eingelagertes Gemüse überprüfen und möglichst bald aufbrauchen ■ Mit den ersten Aussaaten auf der Fensterbank beginnen (zum Beispiel Kohlrabi, Tomaten)	■ Erste geschützte Aussaaten (Fensterbank, Frühbeet, Gewächshaus) ■ Erste Aussaaten im Freien (Möhren, Eissalat, Erbsen, Radieschen, Rettich, Schnittlauch) ■ Salate im Gewächshaus unter Folie pflanzen ■ Zwiebeln und Knoblauch stecken
Obst	■ Bei drohendem Schneebruch Schnee abschütteln ■ An frostfreien Tagen Obstgehölze schneiden ■ Leimringe überprüfen/erneuern ■ Weißanstrich erneuern/anbringen ■ Spalierobst vor intensiver Sonneneinstrahlung schützen ■ Obstmumien entfernen ■ Eingelagertes Obst überprüfen und aufbrauchen	■ Steinobst und Beerensträucher auslichten ■ Obstgehölze und Beerensträucher pflanzen ■ Frostschäden verarzten (großzügig ausschneiden, mit Wundverschlussmittel behandeln) ■ Leimringe entfernen
Kräuter	■ Kräuter im Winterquartier auf Schädlinge kontrollieren/wässern ■ Ernte von der Fensterbank (Schnittlauch, Petersilie, Basilikum) ■ Keimlinge und Sprossen ziehen ■ Erste Aussaaten vornehmen	■ Weitere Aussaaten (geschützt) vornehmen ■ Erste Aussaaten pikieren ■ Verholzte Gartenkräuter schneiden

April	Mai	Juni
■ Insektenschutznetze ausbringen ■ Weiterhin Schnecken und Schneckeneier absammeln und vernichten ■ Erstes Unkraut jäten ■ Saaten und Jungpflanzen regelmäßig wässern	■ Unkraut jäten ■ Pflanzen regelmäßig auf Schädlinge kontrollieren ■ Blattläuse abwehren ■ Spätfrostgefährdete Arten durch Auflegen von Vlies schützen ■ Regelmäßig wässern, düngen, hacken	■ Mulch ausbringen ■ Regelmäßig gießen und hacken ■ Gemüse mit hohem Nährstoffbedarf nachdüngen ■ Pflanzen auf Schädlinge kontrollieren ■ Saaten vereinzeln und auf die richtigen Abstände bringen
■ Späte Gemüse vorziehen ■ Aussaaten im Freien (zum Beispiel robuste Pflücksalate) vornehmen ■ Jungpflanzen kaufen beziehungsweise vorgezogene Pflanzen auspflanzen ■ Erste Aussaaten ausdünnen ■ Kohl-Jungpflanzen gegen die Kohlfliege schützen ■ Bei drohendem Nachtfrost frisch gepflanztes Gemüse mit Folie oder Vlies schützen	■ Empfindlichere Gemüse aussäen oder pflanzen (nach den Eisheiligen) ■ Blütentriebe am Rhabarber ausbrechen ■ Frühe Salate, Radieschen und Kohlrabi sind erntereif	■ Neue Aussaat/Folgesaaten von Radieschen, Rettich, Mangold und Sommersalat vornehmen ■ Kohl, Salat und die letzten Fruchtgemüse pflanzen ■ Reifes Gemüse ernten ■ Eingewachsene Erbsen und Kohlpflanzen anhäufeln (verbessert Standfestigkeit, fördert Wurzelbildung) ■ Rhabarber am 24. zum letzten Mal ernten
■ Beerensträucher mulchen ■ Beerenobst wie Himbeeren oder Stachelbeeren durch Absenker oder Anhäufeln vermehren ■ Braunes Laub an Erdbeeren entfernen und diese düngen ■ Monatserdbeeren pflanzen	■ Lockstofffallen für Apfelwickler anbringen ■ Gelbtafeln aufhängen (Südseite der Bäume) ■ Erdbeeren mit Stroh unterlegen und Ausläufer abnehmen ■ Beerensträucher mit Kompost mulchen	■ Während der Fruchtbildung ausreichend wässern ■ Fruchtbehang ausdünnen ■ Erste Kirschen und Beeren ernten
■ Überwinterte Kräuter zurückschneiden und ins Freie stellen (vor Spätfrost schützen) ■ Weitere Kräuter geschützt vorziehen ■ Erste Aussaaten von robusten Kräutern im Freien vornehmen ■ Erste Stecklinge von mehrjährigen Kräutern schneiden	■ Empfindlichere Kräuter aussäen oder pflanzen (nach den Eisheiligen)	■ Beginn der Haupterntezeit ■ Regelmäßig gießen

	Juli	August
Allgemein	■ Auf Schädlinge wie Schmetterlingsraupen und Blattläuse achten ■ Ausreichend gießen ■ Regelmäßig jäten und hacken ■ Mulchschicht bei Bedarf erneuern	■ Pflanzen auf Schädlinge kontrollieren ■ Regelmäßig gießen, jäten, hacken und mulchen ■ Reifes Gemüse, Kräuter und Obst ernten ■ Blatt- und Wurzelgemüse ab Mitte/Ende August nicht mehr düngen
Gemüse	■ Gemüse wie Bohnen, Eis- und Kopfsalat, Knollenfenchel, Kohlrabi und Pak Choi säen ■ Wintergemüse wie Grünkohl pflanzen ■ Reife Gemüse ernten ■ Tomaten ausgeizen (Achseltriebe regelmäßig ausbrechen) und entspitzen ■ Stabtomaten aufbinden ■ Gemüse anhäufeln (Kohl, Tomaten, Erbsen)	■ Neue Aussaat/Folgesaaten von Radieschen, Rettich, Kresse, Feldsalat und Herbstsalaten vornehmen ■ Den letzten Kohlrabi pflanzen ■ Stabtomaten aufbinden ■ Tomaten ausgeizen ■ Reifes Gemüse ernten und gegebenenfalls konservieren
Obst	■ Sommerschnitt an Obstgehölzen vornehmen und für ausreichende Wässerung sorgen ■ Fallobst regelmäßig aufsammeln ■ Beerensträucher nach der Ernte zurückschneiden ■ Erdbeeren pflanzen ■ Reifes Stein- und Beerenobst ernten ■ Süßkirschen ernten (Wetter beobachten – bei zu viel Regen können die reifen Kirschen platzen) ■ Obstbäume und -sträucher nach der Ernte auslichten	■ Obstgehölze bei reichem Fruchtbehang stützen ■ Reife Apfel- und Birnensorten sowie Stein- und Beerenobst ernten ■ Fallobst entfernen ■ Auslichten von abgeerntetem Stein- und Beerenobst ■ Sommerschnitt bei Obstgehölzen vornehmen, um den Wuchs zu bremsen ■ Erdbeeren pflanzen
Kräuter	■ Reife Kräuter ernten ■ Geerntete Kräuter gegebenenfalls konservieren (trocknen, einlegen oder einfrieren)	■ Weiteres Ernten von Kräutern zum Trocknen, Einlegen oder Einfrieren ■ Verblühte Kräuter wie Salbei zurückschneiden ■ Letzte Stecklinge schneiden

September	Oktober	November/Dezember
■ Bei Neuanpflanzungen oder längerer Trockenheit auf ausreichende Wässerung achten ■ Regelmäßig jäten, hacken und mulchen ■ Pflanzen auf Schädlinge kontrollieren	■ Kompost vor dem Winter noch einmal umsetzen ■ Boden der geräumten Beete bearbeiten, schwere Böden tiefenlockern ■ Winterlager (Keller, Frühbeetkästen, Gewächshäuser) vorbereiten	■ Töpfe mit mehrjährigen Pflanzen winterfest machen (Einwickeln mit Vlies oder Folie) ■ Gelagertes Obst und Gemüse regelmäßig kontrollieren, schadhaftes Obst und Gemüse entfernen ■ Winterlager regelmäßig lüften ■ Gartengeräte säubern, nachschärfen, eventuell einfetten ■ Angebrochene Saattüten an einem kühlen, trockenen Ort aufbewahren
■ Feldsalat aussäen (im Freien bis Mitte September) ■ Letzte(n) Radieschen, Rucola, Winterrettich und Kopfsalat aussäen (unter Glas) ■ Im Gewächshaus letzten Salat, Kohlrabi, Radicchio, Pak Choi pflanzen ■ Lagerzwiebeln ernten und zum Trocknen aufhängen ■ Spätkohl anhäufeln ■ Letzte Tomaten nachreifen lassen ■ Reifes Gemüse ernten	■ Aussaaten nur noch geschützt unter Glas vornehmen (Rucola, Feldsalat) ■ Fruchtgemüse wie Tomaten, Zucchini ernten ■ Lagergemüse ernten, säubern und einlagern	■ Wintergemüse wie Feldsalat, Grünkohl oder Mangold abdecken (Vlies) und an frostfreien Tagen ernten
■ Haupterntezeit bei Äpfeln, Birnen und späten Pflaumen ■ Fallobst aufsammeln ■ Neue Obstgehölze pflanzen ■ Leimringe anbringen ■ Erdbeeren bei Trockenheit gießen ■ Abgeerntete Steinobstbäume und Beerensträucher auslichten	■ Reife Äpfel, Birnen und Pflaumen ernten ■ Pfirsiche schützen ■ Neue Obstgehölze pflanzen ■ Von Pilzen und Schädlingen befallenes Obst und Fallaub entfernen ■ Weißanstrich an Obstbäumen anbringen	■ Leimringe überprüfen/erneuern ■ Späte Lagersorten ernten und einlagern (November) ■ Weißanstrich an Obstbäumen anbringen ■ Obstbäume auf Obstbaumkrebs kontrollieren
■ Mehrjährige Kräuter teilen und verpflanzen ■ Die letzten Kräuter zum Trocknen, Einfrieren oder Einlegen ernten ■ Krautige Pflanzen wie Zitronenmelisse Ende September zurückschneiden ■ Samen sammeln (kühl und trocken lagern)	■ Kälteempfindliche Kräuter abdecken (Folie, Vlies)	■ Frostgefährdete Kräuter schützen/ins Winterquartier räumen ■ Kräuter im Winterquartier regelmäßig kontrollieren, sparsam gießen ■ Kräuter für die Zimmerkultur jetzt ins Haus holen, zum Beispiel Schnittlauch ■ Keimlinge und Sprossen ziehen

Register

A

B

C

D

E

F

G

H

K

L

© 2010 SAMMÜLLER KREATIV GmbH

Genehmigte Lizenzausgabe
EDITION XXL GmbH ·
Fränkisch-Crumbach 2010
www.edition-xxl.de

Idee und Projektleitung: Sonja Sammüller
Layout, Satz und Umschlaggestaltung:
SAMMÜLLER KREATIV GmbH

ISBN (13) 978-3-89736-870-5
ISBN (10)   3-89736-870-6

Bildnachweis
Botanikfoto, Berlin 17, 39, 71, 96, 109
Ketchum GmbH, München
– Butaris 55
The Food Professionals Köhnen AG, Sprockhövel
– Kühne 85
– Original Wein's 41
Unilever Deutschland GmbH, Hamburg
– Becel 126
– Bertolli 101, 131
– Knorr 51, 59
– Rama 92

Vielen Dank an Esther Herr für die tatkräftige
Unterstützung.